RECOMMENDATION

以下人士阅读并赞誉推荐本书

万选蓉 第九届、第十届全国政协委员
日本国际内藤育儿奖获得者

赵　洁 百度宝宝知道负责人

梅初九 芥末堆创始人

马肖风 ata创始人

史燕来 红黄蓝教育机构创始人、总裁

杨文泽 东方之星学前教育机构创始人

康长运 北京师范大学
中国教育创新研究院副院长

周　佳 新东方满天星总裁

唐光宇 宝宝巴士创始人

杨　威 贝瓦儿歌创始人

臧　磊 童豆小镇创始人

冯翀翀 子需智库创始人

杜凤林 凤凰婴童产业研究中心创办人

李朋强 水合资本创始人

黄晓莉 新浪育儿主编

翟东海 腾讯智慧校园总经理

肖志滢 喜马拉雅教育内容总监

赵春梅 大爱思想教育研究院院长
银座幼教集团创始人

程大坤 大地幼教集团创始人

叶荏芊 掌通家园创始人

孙　纲 中国幼教年会秘书长

林　丹 悠贝创始人

王勃彤 爱败妈妈创始人

李砚君 幼师口袋创始人

郭世鑫 园长成长国际论坛创始人

王雅萍 丁香妈妈知识付费总监

张　华 母婴圈联合创始人

成长型养育

用成长型思维，培养孩子未来核心竞争力

高寿岩 著

中国妇女出版社

图书在版编目（CIP）数据

成长型养育：用成长型思维，培养孩子未来核心竞争力/高寿岩著. --北京：中国妇女出版社，2018.12
ISBN 978-7-5127-1664-3

Ⅰ.①成… Ⅱ.①高… Ⅲ.①家庭教育－研究 Ⅳ.①G78

中国版本图书馆CIP数据核字（2018）第252160号

成长型养育——用成长型思维，培养孩子未来核心竞争力

作　　者：高寿岩　著
选题策划：门　莹
责任编辑：陈　元
封面设计：尚世视觉
责任印制：王卫东
出版发行：中国妇女出版社
地　　址：北京市东城区史家胡同甲24号　　邮政编码：100010
电　　话：（010）65133160（发行部）　　65133161（邮购）
网　　址：www.womenbooks.cn
法律顾问：北京市道可特律师事务所
经　　销：各地新华书店
印　　刷：北京中科印刷有限公司
开　　本：165×235　1/16
印　　张：17.75
字　　数：248千字
版　　次：2018年12月第1版
印　　次：2019年1月第2次
书　　号：ISBN 978-7-5127-1664-3
定　　价：49.80元

谨以此书作为20岁生日礼献给女儿思思，

感谢她让我参与到一个新生命的成长中，

体验做母亲的快乐。

推荐序

让孩子充分发挥自己的优势

本书突出了一个重要的教育理念，即教育孩子的核心原则是基于他的优势。

父母往往用自己习惯了的成人的标准去观察和评价孩子，据此获得的关注点一般是孩子的弱势：他不会什么，什么做得不好，等等。如果把眼光投向孩子身上那些由年龄带来的特征，你就会发现，孩子其实有多种父母意想不到的能力，有不少良好发展的苗头。这些正是孩子发展的优势。

基于优势的教育，符合现代教育所倡导的观念——尊重孩子。只有尊重孩子，父母才能了解孩子身上的优势，同时也能正确认识孩子在发展过程中的“不足”或“弱势”。

本书作者在学前教育领域耕耘了20多年，为孩子开发课程，给园长和老师讲课，帮助家长解决疑难问题，积累了大量实践经验。本书充分发挥了作者深厚的专业理论积淀，把理论知识转化成实际的育儿操作方法，运用可读性较强、易懂易记的方式，向父母传授了实实在在的方法和道理。

书中还强调了很多十分重要，但易被忽视的品质和能力，比如乐观、自控和坚毅，让父母学习通过自己对周围事件的解释培养孩子的乐观体系，通过日常生活的点滴培养孩子的自控力，以及通过让孩子做有难度的事情培养孩子坚毅的品质。这些品质和能力对孩子未来的发展尤为重要，特别是坚毅力，我们的研究发现，坚持性在学龄前孩子身上已经开始出现，孩子早年的坚持经验有助于他日后成为一个有毅力的人。

书中提炼的健康的亲子关系模型和孩子成长的七项关键能力，也将成为父母教育孩子的重要指引。

总的来说，这本书抓住了现代父母教育孩子的本质问题，通过科学的框架和维度，把传统的育儿知识做了重新梳理，启发父母用成长型思维看待孩子的成长。

最后，我以一个老幼教工作者的名义，祝愿孩子们在父母的科学教养下，充分发挥自己的优势，形成自己未来的核心竞争力！

2018年10月（时年87岁）· 北京

北京师范大学教授博士生导师
荣获对国家教育事业有突出贡献的特殊津贴待遇
从事幼儿教育、教学和科研半个多世纪

自序

用成长型思维，培养更能面向未来的孩子

我在学前教育领域沉浸了20多年，最近几年专注于家庭教育的工作，遇到并解决了父母们提出的各种各样的教养问题。我一直有一个冲动，想把我发现的、总结的、实践的教育理念和方法梳理出来，帮助更多父母建立起教育孩子的成长型思维，但一直感觉信息量太大，不知道从何处着手。

2017年10月，19岁的女儿思思去德国留学。早在她读初中时，就跟着老师、同学一起去英国游过学；高中时，她独自去美国加州大学伯克利分校参加过6个星期的暑假学习；留学申请的时候，又独自去德国参加了大学面试。比起大多数同龄人，她的独立生活能力要强很多，但面对她第一次如此长时间离开家，我自己很担心、很不舍。

10月4日的早晨，在首都机场办完登机手续，思思跟我拥抱告别后，大踏步地走进安检口，能看得出，她非常期待崭新的学习和生活。她的背影越来越小，直到逐渐模糊的时候，我第一次体验到龙

应台在《目送》中描述的感受："我慢慢地、慢慢地了解到，所谓父女母子一场，只不过意味着，你和他的缘分就是今生今世不断地在目送他的背影渐行渐远。你站立在小路的这一端，看着他逐渐消失在小路转弯的地方，而且，他用背影默默告诉你：不必追。"

那一瞬间，思思成长的点点滴滴就像电影，一帧帧浮现在我眼前：见到生人时，害怕地躲在我身后；拼图拼好后，兴奋地跳起来；取得好成绩时，抑制不住地高兴；被老师批评了，回家花式发脾气……

女儿独自出国留学，更像她真正的成人礼。从那时起，我也开始了更加清晰的思考：

在思思成长的过程中，父母扮演了什么角色？

我们是什么样的亲子关系？

我运用过哪些科学的教育方法？犯了哪些错误？

我有没有建立起成长型思维，用成长的眼光看待思思的成长？

哪些能力是思思的优势？哪些能力是她的弱势？

她的优势得到发挥了吗？

于是，我开始梳理这些问题，整理成了本书的逻辑：发现孩子的优势，跟孩子建立健康的亲子关系，愉快地承担起父母的三个角色，这是成长型养育的基础条件。在此基础上，用科学的方法培养孩子主动学习的能力、沟通表达的能力、情绪管理的能力、社会交往的能力、自我控制的能力、乐观的能力和坚毅的能力。这七项能力，始于好奇，终于坚毅，是孩子未来的核心竞争力。这样，父母在了解自己和孩子特点的基础上，不断学习，不断提高，最终搭建起适合自己家庭的教育模式。

上面讲的，就是成长型养育，即动态地看待孩子的特点，相信孩子的能力和优势不是固定不变的，而是随着父母的支持和孩子的努力不断提高的。父母需要向孩子传递注重过程和成长的信息：当孩子取得成绩时，告诉孩子这是努力的结果，并在孩子成功的基础上不断让孩子接受新的挑战；当孩子失败了，父母要帮助孩子直面挫折，找到失败的原因，并通过乐观的解释风格让孩子知道，一次失败并不代表一直会失败，帮助孩子重新建立自信心。

成长型养育不仅能帮助父母和孩子建立良好的亲子关系，让父母以成长的眼光看待孩子的问题，还能减缓父母在育儿过程中的焦虑。在信息极度发达的年代，通过各种互联网社交工具，大家能够轻松地知道全球的“牛娃”是多么优秀，明星的孩子都上了什么课外班，英国皇室的小公主上了什么幼儿园……知道的太多，而能做到的太少，就会让人变得非常焦虑。

心理学研究表明，适当的焦虑能够让人更加努力，但是过度的焦虑就会让人变得扭曲。当父母过度焦虑时，眼里只有孩子的缺点和弱势，就容易产生焦躁情绪，对孩子提出过高的要求，施加无谓的压力，这会让亲子关系变得紧张，孩子感受不到父母的温暖和支持，结果适得其反。

如果父母能够建立起成长型养育的理念，那么在看到孩子的同龄人在知识、技能等方面优于自己孩子的时候，会告诉自己，每个孩子有自己的发展节奏，有自己的优势和不足，从而就不会产生过度的焦虑情绪。父母会继续关注孩子学习成长的过程，关注孩子的进步，通过持续不断的鼓励发掘、发挥孩子的优势，培养孩子的核心竞争力。

这就是成长型养育的魅力。

最后，希望父母们在本书的启发下，能够建立起成长型养育的理念，与孩子一起体验成长的乐趣；也祝福孩子们在父母的科学养育下，拥有美好幸福的未来。

喵姐高寿岩

2018年10月 · 北京

目录

CHAPTER 1 基于优势：教育孩子的核心原则

CHAPTER 2 梯子型：健康的亲子关系是教育的前提

CHAPTER 3

三个角色：父母在孩子成长中的影响

CHAPTER 4

主动学习力：让孩子爱上学习

CHAPTER 5

沟通表达力：激发孩子的沟通和表达热情

CHAPTER 6

情绪管理力：父母的身教是孩子最好的榜样

CHAPTER 7

社交力：因材施教，找准社交培养重点

CHAPTER 8

自控力：从培养良好的习惯开始

CHAPTER 9

乐观力：给孩子克服困难的勇气

CHAPTER 10

坚毅力：坚持下去就会有成就

CHAPTER 1

基于优势：教育孩子的核心原则

尺有所短，寸有所长，如果父母学会用“放大镜”寻找孩子的优点，在培养孩子的过程中有所取舍，把鼓励孩子发挥自己的优势作为重要的教育原则和方法，那么亲子关系会变得更加融洽，教育孩子会变得更加轻松，孩子的优势会越来越突出，而孩子也会越来越优秀。

导读

我从事儿童教育工作已经20多年，其间接触了成千上万的孩子。1993年下半年，我上大学三年级时，参加了一个儿童研究项目，让我第一次深刻地理解到每个孩子的独特性和差异性。在这个项目中，我负责测查幼儿园孩子的推理能力，测查工具是国际通用的彩色瑞文推理测验。在连续2个月的时间里，每天下午2点半，我都会带着测查箱准时出现在北京市海淀区塔院幼儿园的班级里，给每一个大班的孩子做单独测试。

在这项研究中，我测试了近100个孩子，年龄都在5～6岁。在测试过程中，我发现每个孩子的推理能力相差很大，有的孩子很优秀，能迅速地找到答案；而有的孩子，非常简单的规律也看不出来，让我有一种想告诉他答案的冲动。不仅仅是推理能力，孩子们其他方面的表现也各不相同。有的孩子对我这个陌生人自来熟，一边找答案一边跟我闲聊天，而有的孩子却不敢跟我对视，眼睛一直往下看；有的孩子想从我的表情和眼神中判断，他找到的是不是正确答案，而有的孩子非常拘谨，即使他自己找到答案了，如果我不问，他也不说；有的孩子碰到不会的题目，看一眼就告诉我他不会，而有的孩子对不会的题目，会央求我再给他一些时间（每个题目都是有时间限制的）。

确实，每个孩子都有自己的特点，他们之间的差异是客观存在的，有自己的优势，也有自己的弱势。可是，我在多年的实践经验中发现一个问题，很多父母为了让孩子更优秀，非常关注孩子的弱势，有意无意地忽略了孩子的优势。

教育孩子，应该扬长还是补短

2017年，我在一所幼儿园给家长和老师做讲座。讲座结束之后，壮壮的妈妈找我咨询。

壮壮的妈妈愁眉苦脸的，我还以为事情特别严重。她说，壮壮上大班，他的数学能力不好，10以内的加减法做得很慢，自己都快愁死了。我感觉这个问题不严重，于是跟她说，给壮壮一些时间多练习就好了。可她一直唉声叹气，说数学不好以后会影响成绩。我问她："壮壮有什么优点吗？"旁边壮壮的老师说："壮壮能很清楚地制订游戏规则，组织其他孩子做游戏，班里有很多孩子都喜欢壮壮，他很有小领袖的风范；另外，壮壮的动作能力很强，幼儿园的攀岩墙他不费力气就能爬上去，跑步是全班跑得最快的，跳绳也是全班跳得最多的。"

可老师的话并没有影响到壮壮的妈妈，她继续说，她给壮壮报了数学培训班，减少了壮壮的运动时间，以便让他好好学习数学。

关于扬长还是补短的问题，一直很有争议。很多父母不接受孩子的短板，希望把短板尽可能地补起来，在补短上花了非常多的时间和精力。壮壮妈妈的做法就是典型的代表。

直到"习得性无助"概念的提出，大家对这个问题才有了新的认识。20世纪60年代，积极心理学的创始人马丁·塞利格曼通过动物实验发现，一直在笼子里被反复电击但没办法躲开的狗，完全放弃了躲避，下一次电击的信号响了，哪怕实验者在电击前已经把笼门打开，它也不会逃走。相反，它会在电击到来前就倒地不起，痛苦呻吟。

塞利格曼根据这个现象提出了“习得性无助”的理论模型：如果动物在先前的经历中，习得了“自己的行为无法改变结果”的感觉，即使它们在可以控制的新环境中，也会放弃尝试。本来可以采取行动避免不好的结果，却选择相信痛苦一定会到来，放弃任何反抗。这种消极的情绪就是“习得性无助”。

壮壮身上也出现了这种消极情绪。妈妈为了提高壮壮的数学能力，为他报了课外班，除了课堂上学习之外，每天晚上都给壮壮复习数学。当壮壮出错的时候，妈妈会说：“我都告诉你几遍了？怎么还学不会啊？”壮壮特别沮丧，觉得自己怎么努力都学不会。壮壮最喜欢的运动时间减少了，原来在院子里跑跑跳跳的时间都用来学数学了，他的情绪也变得越来越暴躁。

当父母把关注点过多地放在孩子的弱势上，并且缺乏正确的沟通和鼓励方法，孩子做了一些努力但没有成就的时候，就会丧失信心，觉得自己做任何努力都没有用，什么都做不好，容易产生“习得性无助”的消极情绪。这么说来，难道要无视孩子的弱势吗？当然不是。马丁·塞利格曼说过：“抚养孩子并不是去改正他们的缺点，找出他们的错误，而是要识别和发展他们的优势。”

那么，壮壮的问题该如何解决呢？壮壮喜欢运动，父母可以继续发挥他的运动优势，同时把数学渗透到他最喜欢的运动中去。比如，跳绳的时候可以通过数数来比较这次跳的数量和上次跳的数量，看看是多跳了几个，还是少跳了几个，回家的时候记录下来；攀爬的时候，数数自己爬了多少个台阶；组织小朋友一起玩儿的时候，父母可以引导壮壮建立不同的规则，比如，3个小朋友一组，能分成几组；4个小朋友一组，又能分成几组……这样做，是为了提高壮壮对数学的兴趣，一旦壮壮有了兴趣，就会喜欢学习数学，而学习过程中获得的成就感，又能进一步增强他学数学的兴趣，从而形成良性循环。

从壮壮的案例可以看出，扬长和补短是相辅相成的，如果父母或老师能把孩子的优势作为弥补短板的基础和促进条件，补短的效果往往会更好。另外，父母要有这样的心理准备，培养孩子不擅长的事情，需要运用适当的方法，也需要付出更多的努力，更需要不断地鼓励孩子。

基于优势培养孩子给我的启发特别大，我也得益于此。在女儿思思成长的过程中，我也会不自觉地关注她的缺点，希望她能尽快改掉缺点，而对于她的优点和长处经常视而不见。

幸运的是，我的自知—自省智能还不错，每当感受到自己的急躁情绪或我们俩之间的关系变得紧张时，我就提醒自己：女儿有很多优点，她很有爱心，关心父母；她很上进，愿意接受挑战；她很独立，能自己解决很多问题，而那些缺点和问题是她成长道路上不可避免的，只要不断鼓励，保持耐心，女儿就会不断进步。

就这样，通过不断提醒自己关注女儿的优势，女儿变得更积极、进取和独立，而我也不断学习和反省，从女儿的成长过程中取得了很多收获。

3分钟思考

写下你特别看重，但你的孩子不擅长的能力，思考培养这些能力的方法。

发挥优势，更容易做出成就

有一次，我在中国教育电视台录节目时，一个家庭引起了我的关注。这一家三口是广东人，爸爸在广州工作，妈妈陪孩子在北京著名的体校读书、练习武术。这个孩子从小就展现出比同龄孩子更强的运动能力。基于孩子的特点，小学的时候父母选择了广州的武术学校。两年后，父母了解到北京的体校水平更高，鼓励孩子插班考试，考取了北京著名的体校。

这对父母的选择很明智，他们发现了孩子的优势，在规划孩子成长路径时，能够扬长避短，充分发挥孩子的优势，而不是基于父母自己的喜好安排孩子的未来。从这个孩子现场的表现来看，他的表达很不通顺，语言能力和逻辑能力还有很大的提升空间，如果在普通学校，语文、数学这些科目不会成为他的长项，而孩子的运动优势也完全发挥不出来。

我对这个家庭的建议是，把运动能力作为孩子的发展主线，同时注重孩子语言能力和逻辑能力的培养。具体的方法是，父母指导孩子在假期学习制订自己的训练计划，用语言清楚完整地表述每天的训练计划，以此锻炼孩子的逻辑能力和语言能力；当孩子有想法和需求的时候，父母要鼓励他尽量清楚、完整地表达出来，以此锻炼其表达能力。

日本的收纳女王近藤麻理惠，就是充分发挥了自己的优势，把收纳这件看起来没有技术含量的家庭主妇工作，做到了极致，从而被美国《时代周刊》评为“2015年世界最有影响力100人”之一。

华为的创始人任正非在上大学的时候是俄语课代表，还自学了英语、日语，能进行简单的交流和阅读，但是在20年的军旅生涯中没有使用过外语，就渐渐生疏了。后来创业的时候，他发现自己在逻辑和发展方向的优势和兴趣，远远大于学习语言的优势和兴趣，虽然英语很有用处，如果花费很多精力练习语言，很可能就会削弱自己在逻辑思维方面的优势。于是任正非放弃了对语言的努力，集中发挥自己的优势。在他的领导下，华为成为全球领先的信息与通信技术解决方案供应商，是一家优秀的企业。

不仅仅是上面的案例，纵观很多成功人士，他们都发挥了自己的优势。优势能给孩子带来成就感，引起别人的关注，提升孩子的自信，自信又给孩子带来更大的成就，这样就形成了良性循环。

3分钟思考

你所取得的成就跟自己的优势有什么关系？

为什么很多父母把专注力放在孩子的弱势上

既然优势对一个人的发展这么重要，那为什么还有那么多父母把专注力放在孩子的弱势上呢？有三个常见的原因。

第一个原因，孩子的弱势是父母对自己的某种期望或者遗憾。由于各种原因，父母自己欠缺某种能力，并且因为这种能力的欠缺失去了很多机会，所以希望孩子能有这样的能力。比如，父母因为自己不善言辞得不到晋升，就特别希望自己的孩子口才好，当孩子也不善言辞的时候，父母就会变得很焦虑，过度关注孩子的口才不好这个弱势。

第二个原因是父母不自觉的比较心理。在早教班、幼儿园和小区里，只要孩子们聚在一起，比较就开始了。这家的孩子唱歌好，那家的孩子运动好，父母不自觉地就会关注自家孩子的弱势："如果我们家孩子不胆小，像明明那样大方就好了。""如果我们家孩子艺术能力强，像朵朵那样多才多艺就更好了。"比来比去，父母的眼里就只有孩子的缺点和弱势了。

第三个原因是父母追求完美的心态在作祟。很多父母希望自己的孩子是个完美小孩，在家里通情达理，在外面落落大方，琴棋书画样样精通，学习成绩名列前茅。一旦发现孩子哪个方面有缺陷，不符合自己的期望，父母立刻变得非常焦虑，孩子的优势和长处就视而不见了。

不管出于什么原因，当父母过度关注孩子的弱势，会产生两方面的影响。一方面，影响亲子关系，因为关注弱势的父母看不到孩子的优点，对孩子过于挑剔，总是恨铁不成钢，会造成亲子关系紧张；另一方面，本来培养孩子不擅长的事情，就需要付出更多的努力，过度关注弱势的父母看不到孩子微小的进步，吝啬鼓励赞扬，这样会让孩子丧失信心，严重的还可能让孩子破罐子破摔。

3分钟思考

你的关注点在孩子的优势还是弱势上？是什么原因让你关注孩子的弱势？

两种不同的优势来源

把关注点放在弱势上并不能让孩子变得更优秀，让孩子优秀只有一种办法——发掘并培养孩子的优势。

那么，孩子的优势来自哪里呢？有两种不同的优势来源。

第一种优势来自先天的遗传基因，也就是我们所说的天赋。

一些孩子很早就在某些方面表现出比同龄人高得多的能力水平。我的一个好朋友，很小的时候就表现出极高的音乐天赋，4岁的他在看了电影《茶花女》后，回到家凭着记忆，在自己的小钢琴上弹奏出了主题曲。他的父母从那个时候开始着重培养他的音乐才能，他现在是一个著名的音乐人。我同事的姐姐，很早就展现出了运动的天赋，动作非常灵活，身体的协调性和平衡性特别好，学舞蹈比同龄的孩子要快得多，她现在是一名舞蹈演员。

上面两个案例中的孩子表现出来的优势，都来自先天的遗传基因，这属于“老天爷赏饭吃”。如果孩子有这样的优势，父母就要好好保护开发；如果没有，也不用“眼红”别人的孩子，毕竟，这样的孩子在人群中的比例非常小。

第二种优势是通过后天的学习和刻意练习建立的。

这种优势建立的过程大概是这样的：孩子先对一件事情好奇，然后产生兴趣，在学习过程中取得的成绩和获得的父母、老师的鼓励、赞扬，让孩子产生了成就感，而成就感又促使孩子进一步学习和练习，从而逐渐形成了孩子自己的优势。

我们都有这样的经验，由于喜欢某个老师而喜欢上了某个学科，然后这门课就成了我们的优势科目。我的英语学习就是这样的过程，我高中的班主任是英语老师，她非常漂亮，英语发音很标准，很快就成了我的偶像。这极大地提升了我学习英语的动力，在老师的严格要求和自己的不断努力下，我的英语成绩越来越好，这让我更喜欢英语。大学期间，英语一直是我最擅长的学科之一。

在我以前工作的幼儿园，有一个孩子特别喜欢画画。一到区域活动时间，他就去美工区画画，但是画的内容比较单调，大多是大树、房子和小朋友。老师把孩子的情况反馈给了家长，家长给孩子提供了更丰富的绘画材料——各种颜料、纸和绘画工具，节假日带他出去观察大自然，观察各种动物和植物，还给孩子报了专门的绘画学习班。后来这个孩子的绘画水平越来越高，得到的认可和鼓励越来越多，他对绘画的兴趣也越来越浓，绘画成了他重要的优势。

上面案例中的优势是通过后天的学习和刻意练习建立的，大多数人的优势属于这一种：基于兴趣，始于练习，终于成就，而成就又提升兴趣，不断循环。

了解不同的优势来源，能帮助父母更好地发现孩子的优势，并有针对性地进行培养。

3分钟思考

你的孩子具备的优势，是哪种优势？

努力发掘和培养孩子的优势

发掘、培养孩子的优势，父母首先要有这样的信念，不管是来自先天的遗传还是后天的学习，每个孩子都有自己的优势。这样，父母才有耐心把关注点集中在孩子的优势上。

<< 放弃心目中的完美小孩，接纳孩子本来的样子

苛求完美的父母，总会觉得孩子好多地方不够好，对孩子的优势视而不见，满眼都是孩子的缺点。遗憾的是，世界上本来就没有完美可言，很少有人可以做到完美。父母要努力放弃心目中的完美小孩，接纳孩子本来的样子。

孩子从出生就带来了独特的气质，有的孩子很敏感，有的孩子很大大咧咧；有的孩子很谨慎，有的孩子很大胆；有的孩子很安静，有的孩子很活泼……如果喜欢活泼孩子的父母，不巧生了个安静的孩子，又不能接纳孩子安静的个性，那么孩子细心温和的优点往往会被父母忽视，而胆小害羞的缺点往往会被放大。

接纳孩子，父母首先要认识到，每个孩子都有自己的优势，谨慎的孩子虽然在社交中慢热，但是做事细心；热情的孩子在社交中受欢迎，但有时候也会很莽撞。观察孩子，欣赏孩子的特点，不仅能发现孩子的优势，还能让孩子感觉到自己是被父母接纳和喜爱的，亲子关系会更加和谐。

<< 提供机会让孩子多尝试、多体验

有些孩子的优势很明显，但是也有很多孩子每个领域都不突出，看不出哪方面会有更好的潜力。这时，父母需要给孩子提供机会让他多尝试、多体验，在尝试和体验的过程中，父母也能更容易观察到孩子的优势。

有一次，我在早教中心的教室里听课，发现一个2岁多的孩子一直很“淡定”，好像没有任何一个活动能让他兴奋。在几个活动中，看不出他的喜好和优势。下课后，我跟孩子的妈妈做了简短的交流，孩子的妈妈说，今天是第二次上课，孩子好像不太感兴趣，平时主要是爷爷奶奶照顾孩子，家里孩子可玩的东西很少，一哭闹奶奶就让他看电视。我给她两个建议，第一，多带孩子参加亲子活动和户外活动；第二，家里要配备积木、拼图、球等基本款的玩具和图书，这样能给孩子提供更多尝试和体验的机会。

大约半年后，我在早教中心再次遇到这个孩子，他表现出很强的动手能力，教室里的玩具被他玩出各种花样。妈妈高兴地向我道谢，感谢我给她的建议。

上面这个案例只是我遇到的诸多案例之一，有非常多的孩子通过体验尝试后，发现了自己的兴趣和优势。

另外，在观察孩子的时候，不要只关注孩子在语言、数学等传统领域表现出来的能力。根据哈佛大学霍华德·加德纳提出的多元智能理论，人有8种不同的智能，分别是语言—言语智能、逻辑—数理智能、视觉—空间智能、身体—动觉智能、音乐—节奏智能、交往—交流智能、自知—自省智能和自然观察智能。不同的人会有不同的智能组合，例如，建筑师及雕塑家的视觉—空间智能比较强，运动员和芭蕾舞演员的身体—动觉智能比较强，而作家的自知—自省智能比较强。一旦父母了解到更多孩子心理发展的知识，思路和视野更开阔了，就会更容易发现和培养孩子的优势。

<< 慎用跟别的孩子做比较

社交网络让彼此认识、不认识的人很容易联结在一起，在看到多种多样人生的同时，又不得不承受多种多样的对比。每一个优秀孩子的事迹，每一个“别人家”的孩子，都会给父母带来莫大的压力。

我不反对与别的孩子做比较，关键是跟别人比完了做什么。有些父母会跟孩子说：“看看人家多棒，你怎么这么差？”这是最不明智的做法，这样不仅会引起孩子的逆反心理，还会打击孩子的自信。

与别的孩子做比较，目的是让父母更客观地了解自己孩子的优势和弱势，在培养孩子优势的同时适当弥补弱势，帮助父母做出科学的选择。

<< 学习建立成长型思维

发掘孩子的优势，需要父母建立起成长型思维，动态地看待孩子的特点。孩子的能力和优势不是固定不变的，现在没有优势，不代表以后也不会有优势。

成长型思维的概念，是心理学家卡罗尔·德韦克在她的经典作品《终身成长》中提出来的。卡罗尔·德韦克根据对能力发展的认知，发现有两种不同的思维模式：固定型思维和成长型思维。固定型思维认为，聪明才智等能力是天生的，人的能力是永远不会变的。成长型思维认为，天赋只是起点，才智通过锻炼可以提高，只要努力就可以做得更好。

具体要怎么做呢？父母要向孩子传递注重过程和成长的信息，不要给孩子贴标签，“你真是天才啊”“你太聪明啦”等；当孩子取得一定成就时，要说这是他努力的结果，而不是天生就如此；如果孩子的智商的确很高，拥有较高的天赋，也要让他不断接受新的挑战，不断学习新的知识；当孩子失败时，父母要帮助孩子直面挫折，找到并分析失败的原因，让孩子知道，一次失败，并不代表一直会失败，帮助孩子重新建立起自信心。

当父母放弃了完美心态，接纳孩子本来的样子，提供机会让孩子多体验，把比较看成客观了解孩子的手段，建立起成长型思维模式，就会发现自己的孩子有很多优势。即使现阶段这些优势没有那么突出，在父母的科学培养和不断鼓励下，孩子的优势会越来越突出，孩子也会越来越自信。

3分钟思考

你准备用什么方法培养孩子的优势？从哪里开始？

CHAPTER 2

梯子型：

健康的亲子关系是教育的前提

父母养育孩子的整个过程，就是梯子型亲子关系三个要素交替进行的过程。在孩子年幼时陪伴——指导式参与，让孩子学着独立——渐进式放手，在孩子长大后学会得体地退出——阶段性撤离。最终目的是让孩子能够独立生活，成为对社会有用的人。照顾和分离都是父母在孩子身上必须完成的任务，这样长大的孩子，童年不会贫瘠，而成年也不会窒息。

梯子型亲子关系是非常重要的核心概念，因为亲子关系是家庭教育的重要基础，有了健康的亲子关系，其他能力的培养，包括学习能力、情绪管理能力、社交能力、自控力和坚毅力等，才能事半功倍。而这些关键能力奠定了孩子主动学习、人际交往和自我管理的基础，将是孩子适应社会、获得良好发展的重要因素。

导读

回想这么多年的工作经历，我走过的最大弯路就是对亲子关系的认识。在此前很长的一段时间里，我的关注点是解决孩子的具体问题，比如不吃饭怎么办、不会管理情绪怎么办、不学习怎么办、不会交往怎么办等让父母高度焦虑的问题。直到我女儿进入了青春期，各种各样的叛逆行为扑面而来，那段时间一切都偏离了轨道，我突然觉得那个熟悉的孩子不见了。

坦诚地讲，那个阶段我作为家长的影响力荡然无存，不管怎么苦口婆心地跟女儿讲，她都一副无所谓的样子，这让我非常焦虑。很多个晚上，我不止一次地想过放弃，反正都是她自己的人生，她自己承担好了，但第二天早上，当我恢复理智，又开始思考如何去解决这个问题。

幸运的是，在我的努力下，差不多用了半年的时间，一切又回归了正常。原因有两个，一是我遵照了跟青春期孩子相处的原则：摆平心态，合理要求，少说多做；二是我跟女儿的关系基础打得好，我一直是她非常信任的人。

从那个时候起，我开始意识到，亲子关系是教育孩子重要的前提条件，健康的亲子关系是发展孩子一切关键能力的基础。

四种亲子依恋类型

在亲子关系中，一个重要的要素是依恋，依恋是孩子与大人之间最早建立的情感联系。有研究表明，早期依恋的类型对孩子的一生都有极其重要的影响。美国心理学家安斯沃斯通过研究孩子在陌生情境的反应，发现孩子跟父母的依恋存在四种类型：安全型、回避型、反抗型和混乱型。

<< 安全型依恋

安全型依恋的孩子对亲密关系的要求很高，不会担心被父母抛弃。这类孩子跟妈妈建立了信任、密切、积极的情感联系，妈妈是孩子的安全基地。孩子跟妈妈在一起时，并不总是黏在妈妈身边，能够安静愉悦地玩玩具，积极主动地探索周围的环境，对于陌生人的反应也比较积极。当妈妈离开时，孩子的探索行为会受到影响，明显表现出紧张、焦虑、苦恼、不安等情绪，想寻找妈妈回来；当妈妈回来时，孩子会立刻寻找妈妈的身体接触，并比较容易抚慰、平静下来，继续进行探索活动。

与孩子建立安全型依恋的父母通常都很敏锐，能够适当地去满足孩子身体上和心理上的需要，孩子需要安慰的时候，父母去安慰他，孩子需要空间去探索周边环境的时候，父母也会给他空间。安全型依恋是良好的、积极的依恋。

<< 回避型依恋

回避型依恋的孩子，既不要求亲密关系，也不担心被抛弃。回避型依恋中，在陌生环境里妈妈是否在场对孩子的探究行为基本没有影响，他们对妈妈的存在抱着无所谓的态度。妈妈离开时，孩子没有反抗，也很少紧张不安；妈妈回来时，孩子并没有表现出高兴的情绪，往往不理妈妈，即使表示对妈妈的欢迎也是很短的时间，在接近妈妈后很快离开。这类孩子实际上并没有对妈妈形成特别强烈的依恋情感，有时也把他们称作“无依恋”孩子。

这类孩子的父母很多是事业比较繁忙，或者有些情绪的问题，比如抑郁、焦虑等。对孩子平常所发出的爱的邀请，父母回应较少，父母的这种反应会导致孩子逃避现实，并把一些焦虑和抑郁隐藏起来。

<< 反抗型依恋

反抗型依恋的孩子，既对亲密关系有高的要求，又担心被父母抛弃。在陌生情境中，这类孩子难以主动探索周围环境，而且探究活动很少，表现出明显的陌生焦虑。最典型的特征就是任何一次跟妈妈的短暂分离都会引起孩子的大喊大叫，情绪激动。孩子总是很警惕紧张，时刻注意妈妈的动向。当妈妈离开时，他会极度伤心，拼命反抗挣扎；但是当妈妈回来时，又无法把妈妈作为安全基地，对妈妈的态度表现出矛盾纠结的状态：一方面寻找与妈妈的身体接触，另一方面又反抗这种接触，对妈妈怨恨、排斥，表现出一种愤怒的矛盾心理，对妈妈缺乏信心。比如，孩子见到妈妈立刻要求妈妈抱抱，但刚刚被抱起来又反抗着要下来，可是让他重新开始游戏，似乎又不可能，时不时地向妈妈这边看，警惕妈妈是不是又要离开。

这类孩子的父母情绪不稳定，对孩子的要求做出的反应很不一致，面对同样的情况，有时候会给孩子一些抚慰，有时候没有给孩子抚慰，这种不一致的反应，让孩子慢慢地变得比较焦虑。这是一种矛盾型的依恋。

<< 混乱型依恋

混乱型依恋混合了回避型和反抗型的特点，这类孩子对亲密关系要求低，但是非常担心被抛弃。在妈妈离开的时候，孩子不会惊慌失措，也不会大哭大叫，但不知道要干什么，也不能玩玩具；当妈妈回来的时候，他张开手想让妈妈抱，腿却往后退。孩子心里有强烈的冲突，好像很渴望妈妈，又很害怕妈妈，极度压抑。

这些孩子通常来自一些有暴力倾向的家庭，孩子的照料者可能是爱的来源，也是痛苦的来源，所以常常看到孩子僵到那里，不知道应该做出什么反应。混乱型依恋是最不安全的依恋关系。

有研究证明，依恋模式会遗传，孩子往往和父母有类似或者相同的依恋模式。如果在早期孩子与父母顺利形成安全依恋，学会信赖别人和自己，在他长大后为人父母时，也更加容易和自己的孩子形成安全依恋。反过来也成立，一个感情关系不牢固的成人，很难发展成为一个好父亲或好母亲。早期不能建立积极良好的依恋关系会给孩子带来难以弥补的损失。

那么如何与孩子建立积极良好的依恋关系呢？下面的原则和方法供父母参考：

◆ 父母要敏感地感受到孩子的需求，充分满足孩子的生理需要和心理需要，当孩子饿了、不舒服了、被别人欺负了时，父母要表现出对孩子的理解、接纳和支持。

◆ 特别强调一点，对孩子的需求，父母能同意的时候要及时满足，没必要给孩子设置障碍，这不仅能够增强父母跟孩子的亲密度，还能培养孩子的合作能力；但是对于孩子不合理的需求，父母要温和地坚持自己的原则，不要妥协和让步。

◆ 父母要花时间陪伴孩子，倾听孩子说话，跟孩子聊天，一起做游戏，玩一些看起来很傻但是开心的游戏，这些活动能够让孩子感受到亲密。

◆ 父母对孩子的反应尽量保持一致，不要这次孩子伤心了马上安慰，而下次同样的情况就不管不问，这会让孩子感到矛盾和纠结。

◆ 父母不要用"你再怎么怎么样我就不要你了"或类似的话来吓唬孩子，这样的语言对亲子依恋的伤害非常大，会让孩子担心自己被抛弃。

3分钟思考

你跟孩子的亲子依恋是什么类型？

沙子型、绳子型、罩子型、梯子型的亲子关系

依恋是亲子关系中重要的情感要素，代表了父母对孩子的情感支持，亲子关系中的另一个维度是父母对孩子的要求，父母在支持和要求这两个维度上的不同做法，决定了亲子关系的类型。接下来我通过一个案例说明四种不同类型的亲子关系，这个案例是豆豆的妈妈在幼儿园家长会上咨询我的。

一天晚上，豆豆在插乐高，插了几块以后，有一块插错位了，有几块掉了下来。豆豆又试了一次，勉强插上了，再插下一块的时候，上面的几块又掉了。豆豆直接把乐高扔掉，坐在地上放声大哭。豆豆妈妈问，这个时候她应该做什么呢？

当孩子遇到困难，需要帮助时，父母一般有下面四种做法：

第一，对孩子既不提供帮助，也没有要求。那上面的剧情是这样发展的：看着豆豆扔掉乐高坐在地上哭，妈妈说："别哭啦别哭啦，不就是个玩具嘛，换一个别的就行了。"这种无支持无要求的做法，会让孩子不愿意坚持把事情做下去，对成就没有追求。

第二，不提供帮助，让孩子自己去做。那剧情变成了这样：豆豆自己插不上乐高，妈妈看了一下："这个多简单，再使劲儿插一下，你自己把它插上。"听了妈妈的话，豆豆哭得更凶了。这种做法，不考虑孩子自身的能力，不提供支持，强硬地要求孩子自己去完成，孩子会有无助感。

第三，只提供帮助，没有任何要求。那剧情就变成这样的：看见豆豆哭了，妈妈赶紧过来："宝贝，别哭，妈妈帮你插上。"然后，利用大人的智商

优势和动作优势，麻利地插好了。这种做法，快速解决问题，但是没有留给孩子自己思考、尝试解决问题的机会，孩子会变得非常依赖父母。

第四，对孩子既有要求也有支持，父母根据孩子自身的情况和能力，决定参与的程度。那剧情会是这样的：豆豆插不上乐高坐在地上大哭，妈妈过来看了看，发现豆豆没有把第三块对齐插，导致了后面容易掉下来。妈妈抱了抱豆豆，接纳了豆豆的情绪："豆豆插不上很伤心呢。"等豆豆情绪平静下来，妈妈说："我们看看哪里出问题了？"豆豆平静下来以后，也发现是第三块没有对齐，就使劲儿把后面的组块拆下来，再往上插的时候，妈妈提醒："看看对齐了没有？"豆豆找到了这个方法后，插了个非常高的大高楼，高兴得直跳。这种做法，根据孩子的情况和能力不同，给孩子不同的支持，让孩子努力去完成，孩子的能力会越来越强，也会越来越独立。

各位父母设想一下，碰到这样的情况，你会选择哪种做法呢?

上面案例中父母的四种做法：无所谓，不提供帮助让孩子自己做，替孩子做，根据不同的情况决定自己参与的程度，分别代表了四种不同类型的亲子关系。

第一种，孩子做成什么样都无所谓，不会插就换个别的玩具，孩子来求助的时候，父母该玩手机还是玩手机，该做家务还是做家务，对孩子往往不理会。这类父母对孩子没有耐心，从某种程度上说，他们不太喜欢孩子，跟孩子的关系很冷漠。这种既没有支持又没有要求的教育，是忽视型教育，这种亲子关系，我称为沙子型亲子关系。父母跟孩子的关系就像沙子，是松散的。父母对孩子没有要求，孩子觉得做不做都行，努力不努力无所谓，缺乏对成就的追求，容易自暴自弃；父母对孩子也没有支持，孩子跟父母缺乏亲密的关系，人际关系容易出现问题。

第二种，父母只考虑自己的想法和意愿，不考虑孩子的兴趣和需求，自己觉得简单就认为对孩子来说也很简单，自己觉得重要就认为对孩子来说也重要。这种只有要求没有支持的教育，是控制型教育，这种亲子关系，我称为绳子型亲子关系。在这种亲子关系中，父母就像绳子一样，对孩子是一种束缚。如果孩子的个性很强，会不断反抗父母的控制，变得叛逆倔强；如果孩子的个性很温和，会在父母的控制之下，变得唯唯诺诺。

第三种，父母担心孩子受挫折受委屈，替代孩子本应该完成的事情，一切以孩子开心为原则。对孩子只有支持没有要求，对孩子包办替代过多，这种只有支持没有要求的教育，是放任型教育，这种亲子关系，我称为罩子型亲子关系。父母就像一个大罩子，为孩子挡风遮雨。罩子型亲子关系培养出的孩子有两个特征：一是以自我为中心，只考虑自己不考虑别人，没有同理心；二是没有遵守规则的经验，抗挫折能力差，合作能力差。

第四种，父母根据当时的场景和孩子的能力，来决定自己的参与程度，对孩子既有支持又有要求，这是明智型教育。在这种关系中，父母对孩子的支持不是一成不变的，而是根据情境和孩子的能力不断变化。孩子做得到就让他自己去做，如果孩子做不到，父母再出手。这种支持就像给孩子梯子，梯子的高度需要匹配要拿的东西的高度。举个例子，拿一个2米高的东西，需要1米高的梯子，2米高的梯子就太高了；而拿一个3米高的东西，需要2米的梯子，1米高的梯子就够不着。这种亲子关系，我称为梯子型亲子关系。

在这四种亲子关系中，梯子型亲子关系是最健康的，能发挥孩子的优势和父母的影响力，让孩子有掌控感和成就感。研究证明，优秀的孩子是梯子型亲子关系培养出来的，这些孩子在儿童和青少年时期，学业成绩更好，表现出更好的社会适应。

3分钟思考

你跟孩子的亲子关系是哪一种？要转变成梯子型亲子关系，需要做哪些努力？

梯子型亲子关系的理论基础

我对梯子型亲子关系的灵感来自权威的苏联心理学家维果茨基的支架理论。维果茨基认为，专家在指导新手的时候，根据新手在学习情境中的行为做出相应的指导，逐渐提高新手对问题的理解，专家起到的就是支架的作用。对于孩子，他自己表现出来的并不是全部潜力，成人或有能力伙伴的指导，能帮助孩子发挥出自己现阶段的潜力，而这种指导起到的也是支架的作用。

我们可以把这种支架理解成盖楼用的脚手架，脚手架是高楼大厦拔地而起的必备工具，起到工具和支撑的作用，它的高度随着楼层高度的变化而变化。当高楼盖成完工了，那脚手架也就完成了自己的历史使命，如果还继续保留在那里，只会影响使用，有碍观瞻。

为了方便各位父母理解，我把支架或者脚手架称为梯子，父母在孩子成长过程中起到的作用与梯子类似，作为支持和辅助，帮助孩子达到更高的水平。这种支持，对孩子的健康成长非常重要。

梯子型亲子关系有三个核心要素，分别是陪伴、支持和独立。接下来，我会详细地说明这三个要素。

3分钟思考

你在建立梯子型亲子关系上，还有哪些障碍需要克服？

指导式参与——梯子型亲子关系的陪伴要素

对孩子来说，父母的陪伴非常重要，陪伴的作用之一是给孩子带来强烈的亲密感，与孩子建立安全的依恋关系；作用之二是在陪伴过程中，父母能够对孩子进行针对性的指导，实现指导式参与。在指导式参与中，父母需要做三件事：

◆ 第一，跟着孩子的思路走，不要越俎代庖瞎指挥，父母要清楚，在孩子的玩耍中，他才是领衔主演，你不过是个跑龙套的。

◆ 第二，向孩子发出挑战，父母需要给孩子制造问题，刺激他自发地产生创造欲望，这样孩子才能动脑子去解决它。

◆ 第三，扩大活动和交流的范围，把所有的感官、运动技能以及喜怒哀乐等情感全都充分调动起来。

下面我通过一个案例，来帮助大家详细具体地理解一下这三件事。

妈妈一进屋，看到3岁的雨辰正推着一辆汽车在地板上来回跑，她走过去，把自己的脚往雨辰的汽车面前一横，双手叉腰，仰天大笑，哈哈哈哈。

妈妈说："这是一座高山，你的汽车肯定过不去！"听了这句话，雨辰的兴趣马上被点燃了。他兴奋地说："我的大汽车肯定能翻过你这座高山。"雨辰推着车往这座"脚丫高山"上冲，几次就冲上去了，妈妈只好对小汽车举手投降。

然后，妈妈又拿来了两个小机器人玩具，跟雨辰说：“现在机器人1号和机器人2号，要抓住小汽车，他们要来了，你做好准备了吗？”雨辰说：“我才不怕呢！”机器人追汽车的游戏开始了，汽车在前面跑得很快，两个机器人怎么追也追不上。最后他们都停了下来。

妈妈说：“我的机器人认输了，他们想和你的汽车成为好朋友，可以吗？”雨辰说：“当然可以啦！放到我的汽车上来吧。”妈妈问：“你的小汽车能放下两个机器人吗？”雨辰说：“可以的。”

可是，雨辰第一次放的时候，机器人1号掉了下来。妈妈说：“机器人1号很厉害，没有喊疼。”雨辰说：“我再试一次，这次我让他们躺下来。”第二次，雨辰成功了。

妈妈又对雨辰说：“我们玩儿了好久了，你的小汽车怎么样？”雨辰说：“他累坏了。”妈妈说：“嗯，我觉得你的汽车也一定累坏了。”雨辰说：“那我们休息一下吧。”

到这里，游戏结束了。雨辰妈妈在游戏中很好地遵循了指导式参与的三个要素：顺从、挑战和拓展。

第一，在雨辰玩游戏的时候，妈妈突然插足，既顺从了雨辰正在玩的游戏，又成功地引起了雨辰的注意，激发了他的兴趣。孩子在玩儿的时候，大人通常有两种做法：一是走过去说：“别玩这个了，咱们去玩点儿别的吧。”二是直接干预：“你这么玩儿不对，你应该这么玩儿……”这两种做法都不属于顺着孩子的思路走，而是父母力求要变成游戏的主导，喧宾夺主。像雨辰妈妈那种直接参与到孩子的推车游戏情节中，才叫作真正的顺从。

第二，顺着孩子的意思只是指导式参与的基本要素，一旦孩子达到了解决问题的层次，所需要的就是温和的挑战。温和的挑战是说挑战要在孩子的最近发展期之内。最近发展区是苏联心理学家维果茨基提出的理论，是指孩子独立达到的水平与在成人指导和鼓励下能达到的水平之间的差距。在这个时候，如果给予恰当的指导，新的认知发展就有可能发生。

雨辰妈妈鼓励雨辰自己想办法，把两个机器人都放到汽车上，就是给了孩子温和的挑战。在生活中有太多的日常活动都能用来激励孩子的学习，比如，吃饭的时候，准备上学的时候，帮助父母做家务的时候，买东西的时候，出去玩儿的时候，看电视的时候，哪怕是遛狗的时候，都是让孩子的思想绽放光彩的好机会。父母可以问问孩子："你为什么想去那个公园玩儿？""我们走哪条路线好？""这个动画片哪里最好玩儿？"这些问题在孩子3岁左右就可以问了，问孩子问题，而不是替孩子回答问题，这样才能给予孩子更多思考的机会。

第三就是进行拓展。让孩子能在玩游戏中，将所有的感官、技能和情绪都调动起来。比如雨辰妈妈叉着腰，哈哈笑，又是扮演高山，又是操控机器人，上下追击等，这么一会儿工夫就把孩子的听觉思维、语言思维、视觉空间思维全都给调动起来了。同时，通过游戏，还使这些思维能力得到了强化。

指导式参与不仅实现了高品质陪伴，还大大提高了孩子对游戏和学习的兴趣。如果父母有能力全部做到顺从、挑战和拓展这三点，那就意味着虽然你看起来是在陪孩子玩儿，但实际上是在帮助孩子培养思维能力，这是指导式参与的价值体现。

3分钟思考

在跟孩子玩游戏和互动的时候，检查自己是否遵循了顺从、挑战和拓展这三个要点。

渐进式放手——梯子型亲子关系的支持要素

奥地利生物学家劳伦兹发现，在新生的小动物身上存在印刻现象，即小动物会在出生后的一段时间内，对它看到的第一个物体产生追随。利用这种印刻现象，劳伦兹成功地让小天鹅追随自己，让小鸭子追随一块紫色的积木。大多数动物在出生后第一时间见到的是自己的妈妈，于是对妈妈产生追随，进而产生对妈妈的依恋。这种本能能够让小动物更好地得到妈妈的照料，存活下来。

依恋关系是双向的，孩子会依恋抚养者，一般是妈妈或爸爸，有时候奶奶或者外婆也会成为孩子的重要依恋对象。从生物进化论来讲，孩子对抚养者的依恋，能够刺激抚养者更好地满足孩子生存和生活的需要，对孩子的健康长大起到重要的作用。同样地，抚养者对孩子也会产生依恋。这种依恋促使抚养者对孩子的需求更敏感，更积极满足，同时在抚养孩子的过程中产生愉悦的情绪。

但是过度依恋有害。有两种情况会出现过度依恋：一种是对夫妻关系不满的女性，会把情感都寄托在孩子身上，容易造成过度依恋孩子；另外一种是生完孩子以后，妈妈把所有的情感都投入到孩子身上，也会过度依恋孩子。过度依恋孩子的妈妈，会选择尽最大可能无时无刻不跟孩子在一起，即使有人可以帮忙，也会担心别人照顾不好孩子，感觉不放心而不愿意放手。

妈妈对孩子的过度依恋，也会造成孩子对妈妈的过度依恋。出于对孩子的担心、能力不信任等多种原因，妈妈很难放手，而孩子也习惯了依赖妈妈，一切事情跟妈妈一起做，没有机会锻炼自己的独立能力。这种矛盾从孩子上幼儿园开始显现，由于家长和孩子的分离焦虑都非常严重，造成孩子适应幼儿园困难。

我在幼儿园见过很多由于过度依恋造成的适应困难的孩子，3岁的子萱是比较典型的案例。子萱妈妈从怀孕就不上班了，子萱出生后，妈妈把所有心思都放在了子萱身上，给她提供最好的养育和教育。从半岁就开始给子萱读英文绘本，上早教班，积极参加各种活动，但是不管做什么事情，去什么地方，子萱一直跟妈妈黏在一起，很少独立完成。妈妈不放心让别人带子萱，哪怕是子萱爸爸。子萱的其他能力都很强，除了黏妈妈和胆小。刚入园的时候，子萱几乎每天都哭得撕心裂肺，而妈妈也是泪眼婆娑，一脸惆怅。两个人的情绪互相影响，子萱就这么反反复复地哭了好几个月，中间还伴随着各种生病。

孩子终究要离开父母独立生活，父母逐渐放手是必经的过程。让孩子学着自己待一会儿，自己玩儿一会儿，是逐渐放手的开始：

◆从半岁左右，就可以把孩子放在有安全围栏的小床上，或者安全的柔软的地垫上，让他自己玩儿一会儿，这既可以让孩子学着独处，又可以让父母做一些自己的事情。时间从1～2分钟开始，延长到5分钟左右。

◆在离开孩子视线的时候，跟孩子说："妈妈要去给你冲奶粉了，一会儿就回来了！"如果中间孩子开始哭，妈妈可以先用声音安抚："宝宝，马上就好啦，妈妈就过来啦！"这样，宝宝先听到妈妈的声音，再看到妈妈的身影，知道妈妈就在他身边。

◆从学爬开始，可以利用婴儿围栏保证孩子的安全。每次把孩子放进围栏里的时候，给孩子准备他喜欢的玩具，并且跟孩子说："妈妈要去厨房做饭啦，你自己玩儿一会儿，一会儿妈妈就出来啦！”每隔2～3分钟，看一下孩子的情况，同时鼓励孩子：“你自己玩儿呢，真是个好孩子！”一般八九个月大的孩子，能够自己玩儿5～10分钟。

◆让孩子独处的时候，一定要注意安全，围栏里、玩具上不能有绳子和尖锐物品，围栏外面，孩子手能够到的地方，也不能有绳子和尖锐物品，围栏要牢固，不能倒了或者夹到孩子的手。关于安全，怎么强调都不过分。

◆刚开始的时候，你可以在孩子的视线范围内，然后逐渐地离开孩子视线，但是用声音让他知道，你和他在一个房子里。如果孩子哭了，一定要第一时间来查看和安抚。

渐进式放手是一个持续不断的过程。孩子从独立玩耍到独立完成刷牙、洗脸等事情，你会发现孩子的能力在不断增长，独立性也越来越强。

不止一个妈妈对我说，自己知道渐进式放手太晚了，孩子现在都大了，一分钟都不能自己待着，一直要她陪着，她也有很多事情要做，已经被孩子缠得透不过气来，为此还经常情绪失控。该怎么办呢?

我的建议是，不管孩子现在多大，如果他没有独立能力，父母都要渐进地去放手。对于3岁以上的孩子，可以先从独立5分钟开始，告诉他，妈妈要去洗衣服，需要他自己玩儿5分钟，这5分钟他可以搭积木，也可以画画，还可以跟孩子讨论一下，这5分钟他准备干什么，只要是没有危险的事情，你都表示赞同。5分钟结束后，你回到房间，赞扬孩子刚才的表现，可以这么说：“宝贝真能干，可以自己玩儿一会儿了。”

接下来逐渐拉长时间，到8分钟、10分钟、15分钟、20分钟和30分钟。每一次，都要对孩子的独立表现进行鼓励，说他是个大孩子了，可以自己玩儿很长一段时间，给妈妈腾出了很多时间，妈妈非常感谢他。这样，孩子能够学着自己完成一些事情，独立能力不断提高，而父母也可以松一口气，给自己一些个人时间，亲子关系会变得越来越融洽。

渐进式放手让父母和孩子都有了自己的空间，这需要父母克服自己不相信孩子、想替孩子做事情的冲动，让孩子学着独处。

3分钟思考

当孩子基本上学会做一件事情，你是否在这件事情上渐进式放手了？

阶段性撤离——梯子型亲子关系的独立要素

依赖父母，没有主见，没有独立生活能力的孩子，叫作妈宝。有的父母主动把孩子培养成了妈宝，是希望自己能够掌控孩子的一切，不希望孩子独立；有的父母被动把孩子培养成了妈宝，是认为孩子没有能力独立，不敢放手。不管是主动妈宝还是被动妈宝，主要原因是父母没有做到渐进式放手，更没有做到阶段性撤离。

我曾指导过一个案例，明浩的妈妈找到我的时候，明浩已经3岁了，却天天黏着妈妈，不喜欢上幼儿园。我先用上面讲的渐进式放手的方式，帮助妈妈锻炼明浩的独立能力，明浩逐渐能自己玩儿10分钟了。到了4岁多，明浩基本上能自己玩儿了，不再黏着妈妈了。

现在，明浩家的模式是这样的：从幼儿园回来以后，明浩要跟妈妈一起聊天，一起玩他的机器人，差不多半小时以后，妈妈去做饭做家务，明浩自己搭积木、画画或者看书。需要妈妈帮忙时，明浩就去找妈妈，但是大多数时间都是他自己在玩儿。从睡前准备开始，明浩和妈妈又腻在一起，洗漱、读书，最后妈妈跟明浩说晚安，关灯睡觉。

当孩子能独立地完成一件事情，父母就可以阶段性撤离了。体现在明浩身上，就是晚上的这段时间，明浩可以独立完成熟悉的事情，不管是搭积木还是画画，而妈妈可以去做自己的事情。

明浩上大班的时候，幼儿园为了让小朋友能适应小学生活，开始留家庭作业。每天的家庭作业有写数字、读书、做练习题等。这些事情明浩不太熟悉，对他有一些挑战，妈妈又要从指导式参与开始。在参与的过程中，妈妈要先观察明浩现有的水平能完成到什么程度，再提供相应的支持和帮助。妈妈发现，明浩可以自己写数字，但是做练习题时还看不懂题目，不能自己独立读书。妈妈先跟明浩讨论做作业的计划，先做什么，再做什么，最后做什么。明浩希望先跟妈妈一起读书，再让妈妈看着做练习题，最后他自己完成写数字。在明浩写数字的时候，妈妈就离开去做自己的事情，在这件事情上变成了渐进式放手。

两个月以后，明浩基本上能自己完成作业了，妈妈就跟明浩商量，以后她不用一直陪着他做作业，等明浩自己先把会做的做完了以后，再跟妈妈一起完成不会做的。这就是渐进式放手+阶段性撤离了。阶段性撤离为孩子适应独立的学习和生活奠定了基础，也为父母完成分离做了心理铺垫。

从以上的说明可以看出，梯子型亲子关系的三个要素是交替进行的，先是指导式参与，在孩子能独立做的部分渐进式放手，当孩子自己能完成的时候阶段性撤离。而当孩子又面临新的挑战时，又从指导式参与开始。父母作为梯子只有在孩子需要的时候才出现，而梯子的高度是随着孩子能力的变化而变化的。

除了要运用指导式参与、渐进式放手和阶段性撤离外，父母在与孩子相处的过程中，我还有三个建议：

◆ 第一，父母要把孩子看成独立的个体，跟自己是不一样的人。这样，你才愿意尊重孩子的特点，尊重孩子的想法，尊重孩子的选择，而不是用绳子去束缚他、控制他。

◆ 第二，父母要相信孩子的能力，相信孩子能够克服困难、解决问题、学会独立。一旦让孩子学习解决问题，父母不要对孩子的解决方式过分苛责。这样，你才不会放任孩子，溺爱孩子，像罩子那样剥夺他尝试体验的权利。

◆ 第三，父母要学会耐心地陪伴孩子，尝试发现孩子的优势，欣赏孩子的进步。这样，你才不会忽视孩子，对他的努力和进步视而不见，让自己和孩子的关系变得像松散的沙子。

3分钟练习

孩子自己可以完成的事情，父母就可以在这些事情上阶段性撤离，这会让孩子体验到成就感。

CHAPTER 3

三个角色：父母在孩子成长中的影响

父母作为孩子生活中最重要的人，对孩子有巨大的影响，这种影响可能是正面的，也可能是负面的。如果要正面地影响孩子的发展，父母不仅需要学习，了解科学的家庭教育知识，更需要反思，调整自己的心态和行为。

如果父母相信自己对孩子的影响巨大，就会更愿意投入时间和耐心，陪伴孩子、影响孩子、指导孩子，而陪伴孩子成长的过程，也是父母再次成长的过程。

导读

在第2章，我详细地讲述了梯子型亲子关系的各个要素，在梯子型亲子关系中，父母对孩子既有支持又有要求，支持和要求是通过三个角色来实现的——设计者、顾问和权威。如果父母这三个角色的职责完成得很出色，孩子通常都会比较优秀。所以说，优秀的父母是孩子宝贵的财富。

我女儿的好朋友璐璐就有一对非常优秀的父母，她爸爸是一家大型公司的财务总监，妈妈在银行工作。跟其他忙于工作的家长不同的是，爸爸在璐璐出生后，把工作以外的所有时间都花在了璐璐身上，给璐璐读书，陪璐璐做游戏，带璐璐到处玩儿。到6岁的时候，璐璐的运动能力、语言能力和智力等方面都远远高于同龄人。

在本章，我将详细地分析璐璐的父母是如何承担设计者、顾问和权威这三个角色的。

设计者角色——为孩子提供环境和材料

父母作为设计者，要给孩子提供他感兴趣的玩具、图书、亲子活动和课程等，这些都是培养孩子各方面能力的重要工具。受父母自身的成长经历、教育观念和经济条件的影响，每个家庭给孩子提供的环境和材料不同，孩子的发展轨迹也不同。游乐场、博物馆、动物园、科技馆给孩子带来不同的知识和体验，图书、玩具、动画片和游戏，对孩子的影响也不相同。

璐璐的父母就是出色的设计者，他们给璐璐买了各种玩具和图书，璐璐刚满月就给她听英文儿歌，1岁就给她讲中英文对照的绘本，1岁半开始在一家知名的早教中心上课。只要天气允许，父母就会带璐璐在小区里玩儿，接触其他的小朋友和大人，邀请小区里的小朋友到家里做客。几乎每个周末都会带璐璐去公园、动物园或者科技馆，在长假的时候出门旅行。3岁的时候，父母给璐璐选择了他们能力范围内最好的一家幼儿园，并根据璐璐的兴趣选择了英语、思维训练和舞蹈课程。

璐璐的父母尽自己最大的能力给璐璐提供良好的成长环境，不仅花钱，更多的是花时间。与一般的父母不同，璐璐的父母并不是完全按照自己的价值观和喜好来安排孩子的生活，他们充分考虑了璐璐自身的兴趣和优势。璐璐的思维训练课程就是她自己要求上的，她觉得这个课程有意思、有挑战；而舞蹈是妈妈跟璐璐协商后确定的，承担体育课的职能，同时对女孩的形体和气质很有帮助。父母良好的教育背景、见解和眼界，对璐璐的成长起到了重要的影响。

父母自身的价值观和优势对设计者角色的影响很大，价值观决定了父母会把钱和时间花在哪儿。有的家庭举全家之力买学区房，而有人不买学区房，却花几百万元带孩子全球旅行，这就是不同的价值观带来的不同选择。父母的优势会通过遗传和环境影响到孩子。我的一个朋友，两口子都是英语专业毕业的，从孩子出生开始，就给孩子创造了良好的双语环境，孩子的妈妈不管在什么场合都跟孩子说英语，而爸爸负责说中文，这个孩子到3岁的时候，已经可以流利地进行双语交流了，大家都非常羡慕。

需要提醒的是，作为设计者，父母在为孩子设计发展蓝图的时候，一定要考虑孩子的兴趣和优势，不能一味地按照父母的想法和需要。如果孩子喜欢画画，那就给他提供各种绘画材料，如果孩子思维能力强，那就多多做练习，这样才能起到事半功倍的效果。

3分钟思考

把你作为设计者给孩子提供的玩具、材料和活动列出来，看看还缺什么？

顾问角色——帮助孩子了解世界，学会独立生活

小孩子天生就有强烈的好奇心，想要了解这个东西放在嘴里是什么感觉？风扇为什么会转？玩具为什么会响？父母作为顾问的重要职责是帮助孩子了解周围世界的构造和运转规律，为孩子答疑解惑；还包括鼓励孩子做力所能及的事情，培养孩子的独立能力。

我们来看看璐璐的父母是怎么承担顾问角色的。璐璐对一切都很好奇，一会儿一个问题："为什么不能用洗衣机给小狗洗澡？""雨是从哪里下来的？""树叶落了，树就死了吗？"面对这些稀奇古怪的问题，爸爸知道的就耐心跟璐璐解释，不知道的就带璐璐去网上和图书馆查资料，这个过程不仅增长了璐璐的知识和见识，还让她学会怎么获得自己需要的信息。

在生活方面，父母注重培养璐璐的自理能力和良好的生活习惯，从1岁就开启了妈妈喂饭和自己拿勺吃饭的双重吃饭模式，2岁的时候他们让璐璐学习收拾玩具和图书，学习穿脱简单的衣物。3岁上幼儿园的时候，璐璐是班里少有的能自己吃饭和穿脱衣服的孩子之一。更让小区里其他父母惊讶的是，璐璐4岁的时候就能够在自己的房间里独立入睡了。

当璐璐碰到困难的时候，父母并不会第一时间去帮忙，而是先鼓励璐璐自己试着完成。有一次，璐璐特别艰难地穿一件有点儿复杂的外套，看着璐璐笨手笨脚的样子，妈妈虽然特别想伸手帮忙，但是她知道让孩子尝试非常重要，如果现在怕麻烦替孩子把事情都做了，孩子就学不会承担责任，更体会不

到克服困难后的成就感。这些尝试和经验，让璐璐学会了通过自己的努力把事情完成。虽然璐璐的家庭条件很好，但她身上并没有骄娇二气，正是这样的品质让璐璐在幼儿园和学校里表现非常突出。

从璐璐的案例可以看出，成为孩子优秀的成长顾问需要父母做到以下几点：

◆ 父母要克制代替孩子做的冲动，更多地提供帮助和支持，让孩子完成自己力所能及的事情。就像璐璐妈妈那样，让璐璐试着自己穿外套，哪怕她笨手笨脚。

◆ 父母要有足够的耐心帮助孩子了解他所生活的这个世界，回答孩子的各种问题。就像璐璐爸爸那样，他要耐心地回答璐璐的各种问题，甚至要到处查资料。

◆ 父母要包容孩子在探究世界过程中所犯的错误，让孩子承担自己行为的结果。这意味着父母要容忍孩子把饭吃得满身满脸都是，把书和玩具乱堆在书架上，端牛奶的时候洒在地上。孩子从亲身体验中学到的远远比父母的说教要多。

3分钟思考

检查一下，作为顾问，你的职责履行得怎么样？

权威角色——为孩子设置合理的行为界限

现在，很多家庭以孩子开心为原则，没有为孩子设置合理的行为界限。在孩子的生活中，权威的角色非常重要，如果孩子到了2岁还不知道在这个家里谁说了算，这是一件很严重的事情。

父母作为权威的职责之一是给孩子设定与年龄和发育水平相符的行为规范和规则，让孩子知道行为的边界，比如，2岁的孩子要知道不能打人，4岁的孩子要知道有礼貌。权威的另一个职责是帮助其他人了解孩子独特的性格特征和需求，家里换保姆了，父母要跟保姆沟通孩子的特点；孩子上幼儿园了，父母要帮助老师了解孩子的基本情况，喜欢什么，不喜欢什么，孩子出状况的时候用什么方式安抚更合适。

我们来看看璐璐家的权威角色。3岁前，璐璐有三条规则要遵守：每天只吃一种零食，每天看手机和电视不超过30分钟，每天晚上8点半上床睡觉。这三条规则是璐璐的爸爸和妈妈一起商量制订的，并尽可能遵守。为什么说是尽可能呢？因为人会受情绪状态的影响出现例外。遵守这三条规则，让璐璐了解到自己不是家庭的中心，也不是所有的事情都会按照自己的意愿发展，这让璐璐对世界有了客观认识，性格也变得更加平和。

3岁以后，璐璐参与到家庭规则的制订过程中，零食的规则不变，看手机和电视的时间变成40分钟，睡觉时间延后半小时，增加了璐璐要负责收拾自己的图书和玩具，并帮助爸爸妈妈做家务。在参与制订规则的过程中，璐璐学会了合作、协商和承担自己的责任。

璐璐上幼儿园的时候，按照我的建议，璐璐妈妈给老师写了一封信，详细地说明了璐璐的特点、喜好以及哭闹时的应对策略，让老师尽快地了解璐璐，帮助璐璐尽快地适应幼儿园。璐璐上小学的时候，妈妈也跟班主任老师做了一次深入的沟通，说明了璐璐的性格特点和学习特点，对璐璐适应小学生活帮助很大。

对于父母的权威角色，我有下面几条建议：

◆ 父母给孩子设置的规则要符合孩子的发展水平，举个例子，可以让6岁的孩子自己收拾书包，但是让3岁的孩子收拾书包就有困难。

◆ 设置的规则不要太多，只设置以下这些必要的规则就可以了。第一，涉及健康和安全的必要规则，比如，孩子去捅电源，父母要制止；孩子没完没了地吃零食、喝饮料，父母要管。第二，社会交往中的规则，比如，孩子有抢玩具、打人等危害到别人的行为，父母要管。第三，日常生活中的重要规范，比如，饭前便后要洗手，按时睡觉等这些好习惯要坚持。具体的做法和内容，请参考第8章。

◆ 当孩子进入新环境时，父母要帮助其他人了解孩子的习惯、特点和需求，这有助于让孩子尽快地适应新环境。

3分钟思考

作为权威，你应该给孩子设置哪些规则？

三个角色在生活中的综合运用

有一次，腾讯新闻在采访我的时候，让我给自己作为妈妈的角色打个分。我根据自己对设计者、顾问和权威这三个角色的运用情况，给自己打了88分。下面，我以女儿思思的成长过程，讲一讲这三个角色的综合运用。

<< 设计者

思思2岁半的时候，她的玩具有积木、拼图、球和过家家的各种小器具等，还有很多绘本、蜡笔和画纸，放在跟她身高差不多的架子上。我们经常给她读书、讲故事，陪她做游戏，带她去小区的花园、儿童游乐场找其他小朋友玩儿，锻炼她的胆量。

这些都是父母作为设计者的角色所提供的，设计者要为孩子提供他感兴趣的物品和活动，这些物品和活动会形成孩子的能力结构。

<< 顾问

一天晚上，思思用积木搭高楼，搭了五块就不肯再往上搭积木块了，因为之前搭的积木倒了，思思担心又会倒，就拉着我的手，让我来搭。我鼓励思思说："哇，思思自己搭了个高楼，加油，再放上一块。"思思还是不敢往上搭，用渴望的眼神看着我。我关心地说：“你担心高楼会倒吗？轻轻地放上一块试试。”

上面这个过程是父母作为顾问角色的体现，引导孩子完成任务，在孩子有困难的时候，鼓励孩子自己解决问题。

<< 权威

思思又成功地放上一块积木，自己高兴得直鼓掌，然后就不断地搭高、推倒、搭高、推倒，玩儿得不亦乐乎。到了8点半，思思开始揉眼睛，该睡觉了，可是她还想继续玩儿。我让思思把积木收起来的时候，她躺在地上大哭大闹，把积木踢得到处都是。我尽量温和地说：“我知道思思还想玩儿，但是现在该睡觉了，明天上午再来搭积木，好不好？”思思什么也听不进去，继续哭闹。我就离开了，思思哭了一会儿，开始哼哼唧唧的时候，我走到思思身边：“你是想让妈妈跟你一起收积木呢，还是自己收积木？”思思说：“跟妈妈一起收。”我们俩就把积木收起来，开始做睡前准备。

上面这个过程是父母作为权威的体现，为孩子设置规则，把玩具收起来，按时睡觉。在孩子反抗哭闹的时候，父母能够坚持原则，用尊重、温和而坚定的态度，让孩子收好积木，按时睡觉。

<< 设计者要充分考虑孩子的兴趣和优势

特别强调一下，父母作为设计者在设计孩子的发展蓝图时，要充分考虑孩子的兴趣和优势，我在这方面既有经验，更有教训。

思思小时候特别喜欢画画，从幼儿园回到家，就是画画、剪纸、做手工。她画的水墨画《小鸭子》至今我还珍藏着，非常有灵气。但是，在培养特长的时候，我们很纠结是学乐器，还是绘画。

那时候思思很胆小内向，学乐器有很多表演的机会，能锻炼胆量；而绘画更多的是自己跟自己对话，她可能因此会变得更内向。基于这样的考虑，我们决定让她学乐器，而且选择了很难的乐器——小提琴。

客观地讲，思思在音乐上的天赋一般，而小提琴又是在乐器中入门最难的，综合这些因素，学琴之路充满了艰辛。思思刚开始拉小提琴的声音非常刺耳，就像锯木头，再加上用手指按弦很疼，每次练琴的时候她都很烦躁。自从思思开始学琴，家里的气氛骤变，小吵天天有，大吵三六九，家有琴童，鸡犬不宁。

虽然学琴是个痛苦的过程，但确实增长了思思的自信。那时候，我们几个朋友经常组织音乐会、野餐会等各种活动，让孩子们学着交往、展示自己。思思站在众人面前，用她的小提琴拉着还不悦耳的乐曲，自信心得到了很大的提升，再加上学琴的机构也时常组织演出活动，这些都锻炼了思思的胆量和表现力。

就这样，经历了无数次的哭闹、争吵，思思磕磕绊绊地把琴学了下来，也喜欢上了小提琴。直到上了初中学业压力增大，实在没有时间练琴，琴童生活暂告一段落。后来，她还时常拿起小提琴，拉一拉自己喜欢的曲子。

在很长一段时间里，学习上碰到困难的时候，思思总是说这比起学小提琴容易多了。只要是涉及困难、磨炼这一类型的作文题目，小提琴一定是她的素材。之前经历的艰难困苦，在一定程度上转化成了意志。

从高中开始，思思对创意设计类的事情表现出了极大的兴趣，作为校刊主编，她设计的版面得到老师和同学们的一致赞扬。考大学选专业的时候，她义无反顾地选择了建筑设计——公认的熬夜最多的专业，从头开始学习绘画。我想，如果小时候，我们按照思思的兴趣选择了绘画，而用其他的方式来培养她的胆量，现在会是什么样的呢？

想起来会有些遗憾，但是时间不能倒流，童年不会再来。我也从中认识到，教育孩子，最大的成本是时间，做了这件事情就没有时间做另外一件。如果父母能发挥好设计者、顾问和权威这三个角色的作用，将会为孩子带来宝贵的财富。

3分钟思考

评价一下，在设计者、顾问和权威三个角色上，你能给自己打多少分？

不要经常给孩子贴标签

除了上面讲的三个角色会对孩子产生影响，父母对孩子还有一项重要影响，那就是经常无意评价孩子，给孩子贴标签。但是大多数人没有想过，这样的标签会对孩子产生什么影响。

璐璐妈妈也犯过这样的错误，有一次，妈妈和璐璐在小区里碰到了熟人，妈妈让璐璐问阿姨好，可璐璐看着眼前的陌生人，直接躲到了妈妈的后面。妈妈很尴尬，赶紧解释："璐璐有点儿胆小，容易害羞。"妈妈没有意识到，这是她对璐璐的评价，这个评价对璐璐的影响是："我是个胆小的孩子。""胆小"这个词听到的次数越多，对璐璐的影响就越大。因为小孩子没有独立思考和反思的能力，而父母——最亲近的人的态度和评价，会让孩子认为他就是父母所说的那个样子。

父母经常对孩子的性格做出负面评价，比如胆小、固执、急躁、任性等。

明浩的妈妈找我咨询，是因为她觉得爸爸与明浩的沟通有问题。明浩的妈妈说，5岁的明浩特别喜欢机器人，一天下午，他正在兴致勃勃地摆弄自己的机器人，看着机器人在他的操控下，前进后退还翻跟头，高兴得咯咯咯地笑。这个时候，爸爸过来了，叫他出去踢球，明浩特别不愿意，说："我不去踢球，我要玩机器人。"爸爸说了几次，明浩都不同意，爸爸非常生气地扔下一句话："这个孩子，怎么这么固执！"摔门就出去了。从那以后，爸爸经常说："明浩这个孩子，特别固执。"

我们分析一下上面的情况：明浩专注在机器人上，不想跟爸爸踢球，爸爸劝说了几次没有成功，给了明浩“固执”的评价。换位思考一下，如果你正在做喜欢的事情，别人拉你出去，你会去吗？如果你不去，就代表你是个固执的人吗？

很显然，爸爸对明浩的评价是不准确的。更严重的是，如果爸爸一直认为明浩“固执”，给明浩贴上“固执”的标签，明浩会因为这样的心理暗示，变得越来越固执。

在当时的情境下，明浩的爸爸应该如何处理呢？有两种办法。

如果出去踢球不是必需的，那爸爸可以给明浩选择的权利：“你是想继续玩机器人还是想跟爸爸出去踢球？”不管明浩选择哪种，爸爸都应欣然接受。

如果明浩窝在家里一天，一直没有运动过，那出去运动就是必需的，但是需要给明浩缓冲的时间和选择的权利。爸爸可以提前半小时告诉明浩：“你今天一天都没有运动了，再过半小时爸爸带你出去运动一下，一会儿我来叫你，差不多就把机器人收了。”爸爸给半小时缓冲的时间对明浩转换活动很有帮助，大多数孩子能够接受这样的安排。到了时间，爸爸可以问明浩：“出去运动，你想玩什么？踢球、跳绳，还是其他的？”这些选择不仅会让明浩更愿意去合作，不那么“固执”，还可以培养孩子的掌控感，而掌控感对提升孩子的安全感和自信都有很大帮助。

父母对孩子能力方面的负面评价，通常是笨、语言能力差、情商低等。

我邻居家有个4岁的男孩，叫雨辰。有一天，雨辰在画画，他先用水彩笔把房子、大树和汽车的轮廓勾出来，然后再涂色。在涂色的时候，雨辰没有控制好，汽车和房子的颜色都涂出了边框，画面看起来有点儿乱。妈妈看到后，说了一句：“你怎么这么笨呢！连个颜色都涂不好。”雨辰没有涂好颜色，本来就有点儿懊恼，听妈妈这么一说，哇的一声就哭了，一边哭一边把画纸揉成一团，使劲儿扔到妈妈的身上，大声喊：“我不画了！我不画了！”看到雨辰的表现，妈妈更是怒气冲天：“你这个孩子，一直就是这么急躁，一点儿耐心都没有！”本来很和谐的场面，瞬间就变成了孩子哭，大人叫。

雨辰在涂色的时候把颜色涂出了边框，原因可能是雨辰的精细动作还不够好，也可能是他涂的时候注意力不集中。但是，妈妈直接给出的评价是“笨，连个颜色都涂不好”，这个评价把事情扩大了，是对雨辰能力的否定，严重地打击了雨辰的自信。当雨辰表现出愤怒和不良行为时，妈妈又以“急躁和没有耐心”作为评价，给孩子的性格贴了个标签。我相信，如果妈妈一直采取这样的沟通方式，雨辰就会如她所说，越来越笨，越来越急躁，越来越没有耐心。

正确的处理方式应该是这样的：当妈妈看到雨辰把颜色涂出边框，有点儿懊恼的时候，先接纳雨辰的情绪：“颜色涂出了边框，你有点儿难过吧！”等雨辰平静以后，再来解决问题：“雨辰，想一想，怎么才能让颜色不出边框呢？”雨辰可能会给出几个方法：动作幅度小一点儿，更专心等。妈妈如果觉得哪个方法适用，就做出肯定：“我觉得你说的动作幅度小一点儿可能会有用，你要不要再画一张试一试？”在雨辰做出努力后，妈妈一定要认可雨辰的努力：“你这次动作幅度小一点儿了吧？颜色都没有出边框。”

比较一下这两种处理方式，第一种除了给孩子的能力和性格贴上负面的标签，让孩子丧失自信外，没有其他作用；而第二种方法，让孩子学会去发现问题，通过有效地练习解决问题，进而给孩子建立这样的观念：努力就可以有进步。这是一种正向的、积极的思维方式。

父母对孩子做事风格的负面评价，通常是毛躁、粗心、不能坚持等。

3岁的文清喜欢自己从饮水机接水喝，对于这么大年龄的孩子来讲，把杯子放好—按着出水开关—接大半杯水—松开出水开关，这一系列的动作有难度。所以，文清每一次接水，都会造成一些“灾难”，有的时候是水杯已经满了，文清没有及时松开出水开关，洒了满地水；有的时候是杯子没放稳，直接掉到地上；还有一次，文清好不容易接好了水，在端起杯子的时候没拿稳，杯子里的水洒在地上，她自己还摔了一跤。每次出现这样的状况，妈妈都会唠叨：“你这个孩子太毛躁了，怎么就不能小心点儿。”结果是文清大哭一场。

上面的案例中，妈妈评价文清是个“毛躁”的孩子。每次接水的结果，就像妈妈说的，“毛躁”的文清总是要出一些状况。文清为什么会表现得如此“毛躁”呢？是因为她要做的事情超出了自己的能力，对她有很大的挑战。

这个时候，文清需要的是做事情的正确方法指导，妈妈可以把任务分解成小的步骤，从她可以控制的部分——放杯子开始。如果文清把杯子放在边缘的地方，妈妈就提示文清：“看看杯子放好了吗？”这样文清可以调整杯子的位置；妈妈再告诉文清，当水接到半杯的时候，就可以松开出水开关了，并且明确指出半杯的位置，这样就避免了水接得太满而溢出来；等文清要端杯子的时候，妈妈提示她走路的步子要小，走到桌子边再喝。

如果文清的妈妈按照上面的方法，把有难度的任务分解成小步骤，教给文清做事情的正确方法，随着文清的不断练习，“毛躁”的情况会越来越少。

上面的几个案例给我们的启示是：只给孩子负面的评价和标签，没有支持、指导和帮助，孩子就会朝着这些标签的方向发展。这种“普遍性永久性”评价和标签，对孩子的打击非常严重，让孩子认为自己永远就是父母嘴里的那个样子，永远无法改变，造成孩子的消极和无望，只能破罐子破摔。孩子需要的是正面、积极的评价。

3分钟思考

你经常给孩子贴的负面标签是什么？对孩子造成了哪些影响？

正面积极的评价能增强孩子的自信心和优势

正面积极的评价对孩子很重要，它们不仅可以巩固孩子的良好行为，还能提升孩子的自信心。但还是有很多父母把注意力放在孩子的缺点上，把孩子的优点看成是理所当然，把缺点看成不可忍受，在这样的心态下，对孩子的负面评价就会脱口而出。

积极心理学有一句非常重要的话：抚养孩子不是把注意力放在他们的缺点上，找出他们的错误，而是去识别和发展他们的优势。发展孩子的优势正是本书所有理念和方法的基础。

那么，如何对孩子进行正面积极的评价呢？要使用客观具体描述，而不是主观评价。先来看看客观描述和主观评价的区别是什么。

当孩子努力地搭了一座积木塔，有的父母会夸奖孩子："哇，我儿子真聪明！"而有的父母会说："你搭的积木塔很高啊，用的积木也是五颜六色的，我非常喜欢。"

当孩子在舞蹈课上犯了错，有的父母会说："你今天的表现真不好！"而有的父母会说："这个动作做得不到位，腿要再高一点儿。"

其中，"我儿子真聪明""你今天的表现真不好"是主观的评价，"你搭的积木塔很高啊，用的积木也是五颜六色的，我非常喜欢""这个动作做得不到位，腿要再高一点儿"是客观具体的描述。

客观具体的描述能让孩子知道他哪里做得好，哪些地方还需要改进，巩固孩子好的行为，真正起到鼓励孩子的作用。而主观评价只是代表了父母的看法，并没有具体的方法指导。有一项研究表明，在面临难题时，经常被夸“你很努力”的孩子更愿意接受挑战，而经常被夸“你很聪明”的孩子不愿意尝试，他们惧怕失败，担心失败会影响自己“聪明”的表现。

所以，客观具体的描述，不管是针对孩子的正面行为，还是要求孩子改正错误、做得更好，都有很好的效果。我强烈建议，从现在开始，父母都应该学习用客观具体的描述，代替随口而出的主观评价。

3分钟思考

当你看到孩子把鞋踢得乱七八糟的时候，你应该说什么？怎么要求孩子把鞋摆整齐？

打造有利于孩子成长的家庭环境

除了父母影响孩子，孩子作为家庭的一员，也会对父母产生影响。

布伦芬布伦纳是著名的心理学家，他在生态系统理论中把儿童成长的环境分为微系统、中间系统、外层系统和宏系统。对于小孩子来讲，微系统就是家庭。孩子的年龄越小，家庭的影响就越大。比如，困难型的孩子会疏远父母，甚至会导致父母出现矛盾，这足以破坏婚姻关系；与婚姻关系紧张、缺少丈夫支持的母亲相比，有着亲密幸福的婚姻关系、夫妻互相支持的母亲对孩子会更耐心、更敏感。

打造有利于孩子成长的家庭环境，需要从以下两个方面着手。

<< 创造温暖热情的家庭氛围，给孩子无条件的爱、温暖和关心

前文案例中的璐璐家，妈妈每天晚上都会陪璐璐玩儿，给她讲故事。爸爸喜欢把璐璐举高高，逗得璐璐咯咯地笑。有一天，璐璐从幼儿园回来，很不开心的样子，妈妈赶紧抱了抱她，问："璐璐，你看着不开心，幼儿园发生什么事情了吗？"璐璐的家庭氛围很温暖，爸爸妈妈非常爱她、关心她，这都会让她很有安全感。

爱、温暖和关心应该是无条件的，父母不要因为孩子犯了错误，有不好的行为，没有达到自己期望的表现就不爱孩子，不关心孩子。爱、温暖和关心越

多，家庭氛围就会越好，孩子越会有安全感，就更喜欢学习和探索。

有很多父母非常爱自己的孩子，但由于表达方式的问题，孩子并没有感知到。有些父母会这么说：“你不好好吃饭，妈妈不喜欢你了！”“再哭，我就不要你了！”父母不会因为孩子不好好吃饭就不爱他，也不会因为孩子哭闹就不要他了，但是，孩子认知和理解的往往是他听到的字面意思，因此会认为妈妈不喜欢他，不要他了。

正确的表达应该是批评和否定的是孩子某个阶段的某个行为，而不是孩子的整个人。比如，当孩子不会穿鞋子的时候，“你真笨”就是批评孩子的整个人，而“你不会穿鞋”就是批评了这个阶段孩子还不会穿鞋的行为。父母建立起正确的表达习惯，对创造温暖的家庭氛围非常有帮助。

<< 给孩子清楚的安全信号和危险信号

心理学上做过这样一个实验，把一只老鼠关在笼子里，对它进行电击，在电击之前以一个很大的声音作为信号。这个声音预示着危险的来临，那只老鼠会习得声音是危险的，并在听到声音的时候表现出恐惧的样子。更重要的是，没有声音时，电击就不会发生，没有声音表示安全，因此在没有声音的时候，老鼠很放松。危险信号很重要，因为代表着安全信号（即没有危险）的存在。

许多实验都证明了这一点，电击在没有任何信号的提示下就作用在实验动物身上，它们会一直缩成一团。如果同样的电击在发生之前有一分钟的声音提示，动物在有声音时也会吓得缩成一团，但是其余时候，就像平日一样毫无恐惧感。

因此，给孩子清楚的危险信号非常重要。对于孩子来讲，不高兴的事情每天都会发生，当父母知道有“坏事”发生的时候，提前给孩子“警示”非常重要。去打预防针之前，告诉孩子医生会给他打一针，会痛几分钟。在打针的前一两分钟，再告诉他一次，医生打针会痛一下子，但是很快就没事了。如果孩子在坏事发生之前能得到清楚的警告，他就会学到，没有警告时他是安全的，坏事大概不会发生。他会学到去医生那里是安全的，他也学会信任你。

给孩子提供危险信号并不容易，因为孩子会害怕，并做出剧烈反应。比如，妈妈离开是一个危险信号。当妈妈离开的时候，大多数孩子都会哭闹，如果为了避免哭闹，妈妈悄悄地离开，那孩子会越来越不信任妈妈，变得很烦躁。如果妈妈在离开的时候，进行一个告别的仪式，拥抱孩子，告诉孩子她多长时间回来，虽然在妈妈离开的时候孩子会哭闹，但是很快孩子能够接收这样的信号并且适应。

安全信号还包括明确的规则，让孩子知道，他可以在规则内决定自己的行为。家里没有明确规则的孩子，通常会很烦躁，经常哭闹，因为每一件事情，他都需要用哭闹去明确自己的权利。

举个例子，很多孩子喜欢看动画片，从幼儿园回到家，第一件事情就是看动画片。父母有时候会让孩子看一小时的动画片，有时候会让孩子看2小时的动画片，而有些时候会忘了要求孩子，这样孩子就能看一个晚上的动画片了。在看动画片这件事情上，如果没有明确的规则，孩子每次在被要求关掉电视的时候，都会大哭大闹，而孩子的哭闹在大多数时候能帮他争取到额外的看动画片的时间。

孩子的哭闹会给父母带来很大的困扰。要解决这个问题，父母需要给孩子建立安全信号——明确的规则，每天可以看多长时间的动画片，然后坚定地执行，不要因为孩子的哭闹而妥协。孩子需要一段时间去适应新的规则，这也是他学习的机会。当孩子适应了规则，哭闹的情况就会大大减少，因为他发现，哭闹和抗争并没有带来额外的看电视时间。

不仅是动画片，像吃零食、买玩具等事情，父母也可以通过明确的规则来给孩子清楚的安全信号。

综上所述，有利于孩子成长的家庭环境包括两部分：一部分是父母对孩子的支持——温暖的家庭氛围、无条件的爱和关心；另一部分是父母对孩子的要求——清楚的安全信号和危险信号。这其实就是明智型教育的核心要素，高支持和高要求。如果能打造出这样的家庭环境，父母就可以跟孩子建立梯子型亲子关系，孩子也会越来越优秀。

3分钟思考

对照上面所讲的，你的家庭环境需要改善哪些内容？

减轻家庭冲突对孩子的影响和伤害

每个家庭都难免会有冲突和争吵，父母之间会有矛盾，兄弟姐妹之间也会争吵。虽然有些冲突经验是孩子学习处理矛盾和冲突所必需的，但是过多的矛盾和冲突会对孩子产生负面影响。

那我们就需要避免所有的冲突吗？当然不是，我们也做不到。即使是最好的朋友、非常相爱的人之间，也会有意见不同的时候，有异议是日常生活的一部分，如果在孩子的生活中，能有人做出很好地处理矛盾和冲突的榜样和示范，那对孩子的成长会非常有帮助。

下面的这些原则和方法，可以减轻家庭冲突对孩子的影响和伤害：

◆不要在孩子面前使用暴力，包括摔东西、用力大声关门、踢门等，这些举动会让孩子非常害怕。

◆尽量不要在孩子面前争吵，如果发生了争吵，那也要在孩子面前解决矛盾并且和好，这样会使孩子了解冲突是爱情和人际关系中自然的部分，并且是可以解决的。

◆如果在孩子面前批评配偶，只批评特定的行为，比如："你爸爸很忙的时候，他就会发脾气。""你妈妈睡不够觉的时候，容易发火。"而不是对人做永久性普遍性的批评："你爸爸这辈子都很窝囊。""你妈妈很自私。"关于永久性和普遍性的含义，请参考第9章。

3分钟思考

你家里的哪些冲突会对孩子产生影响？你准备怎么改变？

CHAPTER 4

主动学习力：让孩子爱上学习

好奇心和兴趣是孩子主动学习的源泉，主动学习是孩子非常核心的能力。我在后几章将要讲的表达自己需求和想法的能力、管理情绪的能力、与别人交往的能力、控制自己行为的能力，都需要孩子去学习，有学习的兴趣，才会有学习的成果。

我始终认为，怎么强调主动学习都不过分。在这个信息极度发达、知识快速更新的时代，终身成长是必需的。而主动学习作为终身学习的基础条件，始于孩子的好奇心和兴趣，在父母和老师的鼓励下不断发展，将成为孩子的核心竞争力。

导读

我的童年是在各种玩儿中度过的，玩猫、玩狗、玩沙包，是我有记忆以来的三大主要活动。我女儿的童年基本也是以玩儿为主，玩玩具、画画、做手工，是她的三大主要活动。只是从5岁开始，她成为一名琴童后，才给快乐的童年带来少许烦恼。

可现在的孩子，玩儿的时间越来越少，随着竞争的不断加剧，压力不断增加，还没上学的孩子已经在承受沉重的学习任务——从英语到数学，从才艺到运动，父母和孩子的压力都很大。我同事的女儿刚上小班，在她班里，有个孩子参加了10个课外班，他只有3岁半。

很多父母担心孩子输在起跑线上，就让孩子早早开始学习，各种培训班成了承载父母期望和焦虑的工具。我不反对孩子学习，但在上学之前，学习最重要的目的是培养孩子对学习的兴趣和主动学习的能力，其次才是具体的知识和技能。不过，现实正相反，很多父母只注重孩子短期学习的效果，忽视了孩子的学习过程和学习品质，最直接的结果就是孩子丧失了好奇心和学习兴趣，造成厌学。

为什么很多孩子不喜欢学习

每次在讲座现场，都有不少父母来咨询孩子学习的问题，他们开口的第一句话通常是“我家孩子不爱学习怎么办”。这些孩子大多数刚上小学，最大不超过小学三年级。我询问具体情况后，了解到不爱学习的孩子有这么几类：

第一类孩子，还没有适应小学生活，不习惯课后学习、做作业。这类孩子需要时间适应，如果能有正确的引导，往往很快就能适应小学生活。

第二类孩子，不会时间管理，没有做计划的习惯，玩耍和作业时间分配不合理。只要教会这些孩子做计划，安排自己的时间，他们很快也能适应上学。

第三类孩子，对学习没有兴趣，从学习中体验不到成就感和快乐。这类孩子的问题最难解决，需要不断的鼓励，让孩子从学习中体验到快乐。

兔兔就是典型的第三类孩子，咨询我的时候他的父母是一起来的，他们都彬彬有礼，让人感觉非常舒服。我了解到，兔兔的爸爸妈妈都是“学霸”，毕业于重点大学，有很好的工作。他们认为自己能有现在的成就都得益于良好的教育，所以非常重视孩子的教育。从兔兔3岁起，就让他学着认字、做题，兔兔的妈妈更是制订了严格的学习计划，每天要认识5个字，做5道题，完不成就不能玩儿，但是妈妈用了传统的灌输教学法，一遍遍重复字的读音，换着顺序给兔兔出题。

兔兔的智力遗传了“学霸”的爸爸妈妈，学起来并不费劲儿，但是兔兔对这样枯燥的学习方法一点儿兴趣也没有，迫于妈妈的压力，他每天能完成基本的学习任务。上小学时，兔兔已经认识了很多字，也会做很多题，在一年级成绩非常好，但是兔兔对学习并没有兴趣。从二年级下学期开始，兔兔的成绩开始走下坡路，老师反映，兔兔在课堂上不认真听讲，喜欢跟同学聊天，碰到难一点儿的题不肯钻研，没有学习的积极性。妈妈特别着急，她不明白，聪明的兔兔为什么不喜欢学习呢?

问题出在了妈妈的教育方式上。兔兔的妈妈为了追求每天认识5个字，做5道题的结果，用了强行灌输的方法。小孩子的机械记忆能力很强，能硬生生地记住很多知识，短期之内能看到明显的学习效果。但是，这些方法并没有培养兔兔主动学习的能力，还损害了兔兔与生俱来的好奇心和学习兴趣，实在是得不偿失。兔兔在后来的表现，深刻地说明了这一点。

孩子天生就对周围的世界感兴趣，喜欢学习，只不过他们的学习方式和内容跟成人大不相同。成人的学习，读书、听讲和自己体悟是重要的方式，但是孩子的学习，是通过自己的感觉、动作和与人的交往进行的。如果按照成人的学习方式要求孩子，很容易造成孩子厌学。

3分钟思考

你的孩子对待学习是什么态度？可能的原因是什么？

孩子的学习跟父母想的不一样

我在一家连锁幼儿园负责课程体系的时候，有一天接到一个家长的投诉电话，家长很气愤地说："你们总部也不管一管，我家孩子在这个幼儿园什么都不学！"我解释说，幼儿园的课程体系很丰富，孩子有大量的学习活动。这个家长说不是这样，她家孩子上小班，既不写字，也不做题，最多就画个画，每天上课时间很短，不是在教室里摆弄玩具，就是去户外跑、跳、滑滑梯，没学什么。

<< 孩子学习的内容和方法

儿童心理学讲的学习和早期学习，跟很多家长理解的学习不一样。大多数家长觉得，孩子坐在桌子前看书、写字、做题是学习，在外面跑跳、跟小伙伴玩儿、捏橡皮泥、搭积木，都不是学习。在儿童心理学上，学习和发展包括动作、语言、认知（也就是智力）和社会性这几个领域，看书、写字、做题，只是认知发展领域的一部分，跑跳属于动作领域，跟小伙伴玩儿属于社会领域，这些都是学习的重要组成部分。

不仅是学习的内容，家长对学习的方法也有不同的理解，很多家长认为，孩子只有在上课听讲、在桌前做作业才是学习，而研究表明，孩子的学习是通过自己的各种感觉（视觉、听觉、嗅觉、触觉和味觉）、动作（跑、跳、摆弄各种东西等）以及与人的交往（聊天、做游戏、合作和比赛等）进行的。

所以幼儿园的孩子并不像前面的这个家长说的什么都不学，他们有大量的机会在学习，学习运用自己的身体动作，学习周围的一切事物，学习与人相处和交往。

<< 孩子的学习经验会改变大脑的结构

大脑中神经细胞之间的连接体现了孩子的能力。刚出生的孩子，只会吃奶、抓握等很少的本领，大脑中神经细胞之间的连接也很少，随着孩子学会了更多的能力，大脑中的神经细胞之间的连接也越来越多。

当孩子学到了新的能力，这个能力可能是系扣子、收拾玩具、理解故事中的内容，那孩子大脑中相应的神经细胞会形成新的连接，就像在草地上走出了一条小路。一个能力被运用得越熟练，这条小路就会越清晰，直到形成一条永久的路；如果一件事情孩子只是做过几次，那这条小路上还有一些草，如果这个能力没有继续使用，那草就会越长越多，小路就消失了。这就是大脑的用进废退原理，大脑中不常用到的连接会逐渐消失，而经常使用的连接会保留下来。

神经科学家告诉我们，每重复一次经历，神经细胞之间的连接就变得更有组织。在孩子的日常生活中，被多次重复使用的连接得到强化，成为脑部永久神经通路的一部分，而那些没有被重复使用或使用不充分的连接可能会被清除。孩子做的所有事情，都会在大脑中留下痕迹，大脑的结构会因为孩子的学习经验而改变。只要学习不停止，大脑也一直会发生变化。

对于孩子，一切体验和经验都是学习，而这些学习都会影响孩子的大脑结构。孩子最早的学习，是源于自己的好奇心，从出生就开始了。

3分钟思考

你的孩子有哪些行为是学习？你为孩子提供了哪些学习经验？

好奇心和兴趣的重要作用

联合国儿童基金会驻华代表花楠曾经说过：“作为家长，我们都希望我们的孩子为进入小学的第一天做好准备。我们不仅希望他们成绩优秀，还希望他们更加热爱学习。证据明确表明，如果每个人从儿童早期发展中培养了好奇心和社会技能，将能够更快地适应学校生活和学习。”

<< 好奇心本身就是奖赏

好奇心是我们想要了解不知道的事物时，表现出来的一种认知上的复杂情感，它可以理解为一种内在动机，这种内在动机是主动学习和自发探索的关键。每个人都有与生俱来的好奇心。

内在动机是指做某件事情只是为了这件事情本身带来的快乐和满足感，外在动机则恰恰相反，是指做某件事情是为了这件事情之外的某种原因，比如避免惩罚或者获得奖赏。举个例子，读自己喜欢的书是内在动机，为了考试或者虚荣心去读书是外在动机。

人类天生就有的这种喜欢探索新的和复杂事物的内在动机，会让我们对那些自己不知道的事物产生好奇心，这个获取新信息或新知识的过程就是学习的过程。然而这个过程不会就此结束，因为学习本身反过来会影响我们的内在动机和好奇心，促使我们继续探索，这就使得整个学习过程成了一个正向循环，主动学习就发生了。

通过不同的实验研究，心理学家已经确认了好奇心与大脑中负责奖赏和快乐的多巴胺系统之间的联系。当我们因为强烈的好奇心而想要了解某个知识或者信息的时候，这个知识或信息就成了一种“奖赏”，它们的获得会使大脑中奖赏回路中的多巴胺增多，我们就会有一种满足和快乐感。

从孩子身上，会清楚地看到这种“奖赏”，年龄越小越明显。不到1岁的孩子，会特别喜欢把一堆小东西放在盒子里，再拿出来，一遍一遍地重复，放进去拿出来，这个过程就是满足孩子自己的好奇心。全世界的孩子都对沙子有谜之喜爱，就是因为沙子的各种形态和变化，极大地满足了孩子探索的好奇心，孩子的每一个动作都会引起沙子的变化，孩子从中能够体会到自己的行为带来的结果。

<< 兴趣能让孩子热爱学习

好奇是人的一种本能，但好奇心的强烈程度是有差异的，而且会随环境的改变而改变。而兴趣更多的是后天环境熏陶、培养的结果。一个人的兴趣有广度与深度之分，有的人兴趣广泛，爱好多；有的人兴趣不广，但很有深度。

前文案例说的兔兔，在妈妈眼里什么都不喜欢，没什么兴趣。在我的追问下，妈妈回想起在兔兔2岁半的时候，有人送了一套恐龙玩具，里面有各种各样的恐龙。从那个时候起，兔兔对各种颜色、各种样子的恐龙产生了特别强烈的兴趣。他经常指着一只恐龙问妈妈：“这是什么？”指着恐龙的翅膀问：“这是什么？”指着另外一只恐龙问：“这是什么？”这套玩具里有一本小册子，上面详细地介绍了各种恐龙的名字和习性，如果妈妈当时看一下小册子，就可以给兔兔很好的引导。但是，当时妈妈被兔兔的各种各样的问题烦得不行，经常搪塞兔兔。即使这样，兔兔对恐龙的兴趣有增无减，用自己的方式来探索这些好玩儿的东西，给恐龙排队，把恐龙摆成各种各样的形状，一边玩儿一边嘴里还念念有词。

如果当时妈妈能够注意到兔兔对恐龙的兴趣和热爱，在教兔兔做题的时候，用恐龙做教学材料，那兔兔对数学的兴趣会非常浓厚，学习的不仅仅是算术题；在教兔兔认字的时候，阅读跟恐龙相关的绘本，在培养阅读能力的同时，顺便认识一些字；以恐龙作为引子，再扩展到恐龙生活的地方，恐龙吃的食物等，那恐龙会变成兔兔重要的学习工具和学习路径，这些新的知识增加了大脑奖赏回路中的多巴胺，兔兔学习的主动性会大大提高，不会出现厌学的情况。

很多研究证明，好奇心和兴趣对孩子的学习有重要的作用，好奇心引发孩子的学习，而兴趣让孩子的学习不断深入。不仅是孩子，我们成人也有这样的体会，兴趣能大大提高自己学习的积极性。

3分钟思考

你的兴趣是什么？对你的工作和生活产生了什么影响？

如何发现孩子的好奇心和兴趣

<< 通过观察发现孩子的好奇心和兴趣

只要留心观察一下，父母就会知道孩子对什么好奇，对什么感兴趣。我在幼儿园督导的时候，可以清楚地看到每个孩子的不同，有的孩子喜欢唱歌，有的孩子喜欢数学，有的孩子喜欢搭积木，有的孩子喜欢画画，而有的孩子在教室里很蔫，但到了户外就变了一个人……

有个叫嘟嘟的女孩给我留下了深刻的印象，她对智力操作有特别浓厚的兴趣，一到区域活动的时间，她就去拼拼图、七巧板和各种拼插玩具，对女孩喜欢的娃娃家的角色扮演几乎不看一眼。上学以后，嘟嘟的数学成绩一直非常好。

有很多父母跟我说，他们看不出自己家的孩子喜欢什么，什么都不热衷。这样的孩子，需要作为设计者的父母多给孩子提供一些玩具、多带孩子参加各种活动，在过程中观察孩子的兴趣。

4岁的世轩看起来对什么都无所谓，直到有一次，妈妈带他去了一次海洋馆。世轩被各种各样的海洋生物吸引了，形态各异的鱼和植物，简直太有意思啦！从此之后，世轩天天缠着爸爸讲海洋的知识，问鲸鱼为什么不是鱼……爸爸不得不去网上查很多资料，来回答儿子各种稀奇古怪的问题。因为对海洋的兴趣，世轩的学习热情也变得高涨起来。

<< 从提问中发现孩子的好奇心和兴趣

孩子喜欢问问题，但每个孩子的提问不一样。有的孩子经常提问，有的孩子提问比较少；有的孩子提“是什么”的问题，有的孩子提“为什么”的问题，还有的孩子提“怎么样”“怎么办”之类的问题；有的孩子提的问题质量比较高，表明思维参与程度比较高，而有的孩子提的问题则是随便问问而已，问题的质量不高；有的孩子只会提出问题，习惯于从别人那里获得答案，以别人告诉的答案为终点，而有的孩子提完问题后，还会自己探索答案，甚至会通过调查、对比、实验、查阅资料等多种方式来验证自己的答案。

孩子提问的内容代表了他现在的好奇心和兴趣，经常提问、提问质量高、自己探索答案的孩子，往往好奇心比较强。当孩子提问的时候，父母一定要多加鼓励，如果当时没有答案，父母要跟孩子一起去探索答案。

<< 对自然事物的态度也是孩子好奇心和学习兴趣的表现形式

在孩子生活的周围，有着各种各样的自然事物，孩子对这些自然事物是接近还是排斥，能帮助我们看出孩子的好奇心和兴趣状况。

另外，好奇心和学习兴趣既可能表现在对新事物的态度上，也可能表现在对同一事物不同时期的态度上。比如，当孩子面对一种新动物时，可能会表现出好奇和兴趣；在面对自己每天都玩的玩具时，也可能表现出好奇和兴趣。

许多孩子都有一个属于自己的“百宝箱”，里面有许多在成人看来是“垃圾”的东西，但对孩子来讲却是宝贝，这就是儿童好奇心和学习兴趣的一种具体表现。

<< 对人和社会事件的态度也能反映孩子的好奇心和学习兴趣

很多孩子对周围发生的事情感兴趣，喜欢参加讨论，经常问家里来的人是谁？他干什么工作？来我们家干什么？妈妈上班干什么？奶奶为什么不上班？这些也都是好奇心和学习兴趣的表现。

父母通过观察孩子、关注孩子的提问、了解孩子对自然事物和社会事件的态度，可以发现孩子的好奇心和兴趣，在此基础上，培养孩子主动学习的能力。

3分钟思考

你的孩子对什么好奇？形成了什么兴趣？

培养孩子主动学习能力的三个方法

好奇心和兴趣是主动学习能力的核心要素，目的都是激发孩子的内在动机。下面的三个方法，从不同的角度来激发孩子对学习的热爱。

<< 开阔孩子的眼界，给孩子提供更多的体验和探索

随着智能手机的普及，电子设备带来的娱乐体验越来越多，孩子和大人盯在屏幕上的时间也越来越多，结果大家变得更“宅”了，孩子直观的体验和探索越来越少了。

但是，这些体验和探索是孩子学习的主要途径，孩子在接触不同的事物时，看到的、听到的、闻到的、摸到的都会为大脑提供思考的素材，另外，积极的体验会引发孩子愉悦的情绪。所以带孩子走出家门，多看大千世界，多参加各种社会活动，对激发孩子的好奇心、兴趣，培养主动学习的能力都有很大帮助。

芊芊5岁多的时候，妈妈带她看了一场芭蕾舞演出《天鹅湖》，芊芊对舞台上优雅的小天鹅简直着了迷，回家的路上不断学着小天鹅的样子走路。妈妈又带她去看了几场芭蕾舞演出后，芊芊明确要求要学芭蕾。虽然基本功的学习很枯燥，练功的时候很疼，但是芊芊每次课都特别认真地练习。就这样，芭蕾成了芊芊最喜欢的活动之一，而每次的上台演出也让芊芊极有成就感。

父母可以带孩子去科技馆、博物馆、动物园、公园、草地、沙滩等地

方，在孩子接触自然和社会的过程中，随着眼界的开阔，好奇心会被激发出来，学习自然就发生了。

4岁的仔仔对机器人的兴趣就是在科技馆被点燃的，仔仔问机器人问题，机器人可以回答，还能按照仔仔的指令去做事，这简直太有意思了。从那以后，仔仔经常要求爸爸带他去科技馆，玩跟机器人相关的一切东西。爸爸看到仔仔对机器人的兴趣，精挑细选了一个编程班，对有的孩子来讲很枯燥的编程，仔仔却充满了兴趣。这个编程仔仔从幼儿园大班开始学，到了小学二年级，他依然兴趣盎然。

<< 给孩子做选择的权利

人的本性喜欢对自己决定的事情负责，不太愿意接受别人的安排，这对孩子来讲也一样，如果父母剥夺孩子自己做选择的权利，由父母决定所有的事情，那孩子就会丧失学习的兴趣和主动性。让孩子自己做选择，能够激发他的主动性。

跟其他能力一样，做选择的能力也是逐渐培养的，从选择穿哪件衣服，到选择哪份工作，再到选择哪个人作为伴侣，要求的能力是不断提高的。要从小开始，从小事开始，让孩子学着自己做选择，具体的方法如下：

◆ **给孩子提供两个可以接受的选择。**当孩子不想睡觉时，你可以问他："宝宝，你想穿红睡衣还是蓝睡衣睡觉？你来决定。"这个问题的前提是不管穿什么颜色的睡衣，孩子都要睡觉。在给孩子倒果汁之前，也可以试着让孩子做选择："你想要苹果汁还是橙汁？你来决定。"给孩子选择，让他学会为自己的选择负责，这能够培养孩子的主动性。加上"你来决定"这四个字，会增强孩子的力量感。

需要强调的是，你提供给孩子的这两个选择都是可以接受的。如果孩子选择的结果不能接受，就要小心了。我见过有家长问孩子："宝宝，你想上幼儿园吗？"如果孩子说"不上"，真的就不让他上了吗？上幼儿园这个问题本来就不是孩子来决定的。记住，孩子所拥有的权利跟他能承担的责任是匹配的。

◆ **建立必需的规则，在这个范围内让孩子学会自己作选择和决定。**在给孩子作选择这件事情上，要根据孩子的能力给出选择的范围，不能走极端。在这个过程中，有三项规则必须遵守：第一，不能损害自己的健康和安全；第二，尊重社会交往中的规则，不能伤害别人；第三，养成良好的生活习惯。关于这三个规则，我将在第8章详细说明。

◆ **让孩子参与制订规则，将有助于规则的执行。**我用一个例子来说明这个方法。很多孩子喜欢吃糖，为此经常哭闹，解决这个问题就可以让孩子参与制订规则。过程是这样的：父母先对孩子喜欢吃糖表示理解，但同时说明糖对牙齿不好："糖很甜很多人喜欢吃，但是吃糖对牙齿不好，牙齿会有蛀虫，疼起来很难受。"接下来跟孩子一起做个约定："我们做个约定吧，每天吃一块糖。"同时给孩子选择："你想在午饭后吃还是晚饭后吃呢？"孩子选择后让他把自己的决定告诉别人，比如爸爸或者奶奶："你去把我们吃糖的约定告诉奶奶吧！"这样就比较容易执行，因为孩子参与了规则的制订，而且告知了第三方。

在跟孩子讨论的时候，父母要适时地运用有限制的选择，就像上面的这个例子，一天吃一块糖，让孩子选择午饭后吃还是晚饭后吃，孩子的选择是什么时候吃，而不是吃几块糖，这样才会让解决方案在大家可以接受的范围之内。

<< 更多关注孩子的学习过程而不是结果

兴趣在孩子的学习过程中很重要，但不是唯一的决定因素。现实情况是，不管我们多感兴趣的事情，都可能会在过程中遇到困难，所以兴趣只是开始。

让孩子学会主动学习，需要父母更多地关注孩子的学习过程而不是结果。关注过程有以下几个方面：

- 关注孩子在学习过程中表现出来的学习品质，这些品质包括积极主动、认真专注、不怕困难、敢于探究和尝试、乐于想象和创造等。
- 关注孩子在学习中遇到了什么困难，包括学习本身的困难、周围环境的打扰、身体的不舒服等，以及孩子用了什么方法解决这些困难。
- 把你关注到的信息清楚地描述给孩子，重点是孩子表现出来的优秀品质。比如孩子碰到了自己不会的问题，努力想办法；碰到困难用的解决方法，比如关上门保持安静；孩子的进步，这些进步包括方方面面，比如这次注意的时间更长了，从5分钟到了10分钟；这些描述会让孩子感受到父母对他的关注和重视，不断增强他的成就感。

这部分讲的培养孩子主动学习能力的三个方法：带孩子开阔眼界、给孩子选择的权利和关注孩子的学习过程，本质上都是激发孩子的内在动机，让学习本身成为奖赏，增加大脑回路中的多巴胺，只有这样，孩子才会对学习真正感兴趣，主动学习的能力才能得到发展。

3分钟练习

请尝试做一个计划，运用这三种方法让孩子主动学习。

过度控制让孩子丧失主动性

虽然孩子的好奇心是与生俱来的，但是父母的一些不适当的做法会严重影响孩子的好奇心和学习的主动性，这些做法中最常见的是过度控制。

<< 过度控制对孩子的影响

在第2章，我讲过四种不同的亲子关系，在这四种关系中，绳子型亲子关系中的父母倾向于控制孩子，希望孩子的一切事情都由父母安排，这种控制除了对孩子的独立性造成影响，更会影响孩子的主动学习。因为内在动机是孩子主动学习的启动器，当父母强加控制的时候，是把自己的意愿强加在孩子身上，那孩子就无法发挥内在动机。

很多时候，父母对孩子的控制是无意识进行的。当一个有二三十年生活经验的成年人，面对没有经验、没有生活能力的小孩子，总觉得自己的聪明才智无法发挥，忍不住要去管去控制："这个你不会，这个我来，这个你不能动！""学这个以后没有用！""你好好学习就行，这些妈妈来干！"……类似的话，我们说了太多。

我也犯过这样的错误。我女儿思思从小就喜欢摆弄各种小物件，厨房里的锅碗瓢盆，她热衷于换位置；各种形状的小插片，都是她做各种三明治的材料；玩橡皮泥、做手工每天都乐此不疲，特别是画画，那是她的最爱。思思喜欢动手，对画画兴趣浓厚，但是，我们却视而不见，没有创造条件让她更好地发展，反而让她去学了小提琴，思思对音乐的兴趣和天赋与画画相比差得很远。庆幸的是，在以后的时间里，我们充分尊重了她的兴趣和特长。

父母的过度控制还会对孩子的个性产生影响。对于个性比较温和的孩子，过度控制会让他们没有自信和自主，变得唯唯诺诺，现在遍地的妈宝就是典型的代表；而对于个性强势的孩子，过度控制会让他们变得执拗倔强，容易跟父母形成对抗的关系。

<< 如何区分过度控制和正常管教

过度控制和正常管教有一个重要的区别，过度控制只考虑家长的需要，不考虑孩子的需要。举个例子，晚上让孩子按时上床睡觉是正常管教，因为孩子按时睡觉是孩子健康成长所必需的，也可以让家长得到休息。如果孩子特别喜欢唱歌，而家长觉得唱歌没用，数学有用，不让孩子唱歌，让孩子去学数学，就是过度控制，因为这只是考虑到了家长对数学的重视，而没有考虑到孩子对唱歌的喜爱。我的一个高中同学特别喜欢文学，但是高考的时候父母强迫她学会计，因为会计好找工作，而文学不好找工作。但是这个同学一直对会计不感兴趣，工作就是混日子，这就属于父母的过度控制了。

总结一下，培养孩子良好的生活习惯、卫生习惯以及学习习惯都是正常管教，而不考虑或者忽视孩子的兴趣爱好，只按照父母的意愿去安排孩子的生活和学习是过度控制。简单地讲，过度控制就是一切按照父母的意愿进行，在很多情况下，“都是为了你好”是过度控制的代名词。过度控制对孩子的独立性、主动性和性格都有不利的影响。

如何减少父母的过度控制呢？非常重要的一点是，父母要尊重孩子，把孩子看成跟自己不一样的人，孩子有自己的优势，有自己的喜好，他终究要独立生活。关于这些方面，我在前面3章都做了非常详细的说明。

你在哪些方面对孩子有过度控制的倾向，准备怎么改变？

只注重物质奖励会影响学习的主动性

心理学家已经确认了好奇心与大脑中负责奖赏和快乐的多巴胺系统之间的联系。当人因为强烈的好奇心而想要了解某个知识或者信息时，这个知识或信息就成了一种“奖赏”，获得知识和信息会使大脑中奖赏回路中的多巴胺增多，因此人就会有快乐和满足感。

运用到孩子学习的场景，当孩子学习到新的知识，大脑中的多巴胺就增多了，孩子就会有快乐和满足感，这是主动学习。学习成果本身就是对孩子的奖励，不需要额外的物质奖励，因为额外的物质奖励会让孩子把关注从学习本身转移到物质上，内在动机就变成了外部动机，实在是得不偿失。下面的两个案例就说明了这一点。

<< 鼓励孩子的内在动机

依依在幼儿园里听老师说，秋天树叶会落到地上，而春天树上又会长出新的树叶。她兴奋地告诉了爸爸：“爸爸，爸爸，你知道吗？秋天树叶会落下来，春天还会长出新的！”爸爸表现出非常有兴趣的样子：“是吗？快给我讲讲。”

依依兴致勃勃地告诉爸爸：“秋天的时候，杨树叶子变黄了，就落下来了，打扫卫生的阿姨把树叶铲进了垃圾桶里；春天的时候，杨树上又长出了小叶子宝宝，小叶子慢慢长大了。”

爸爸先表扬了依依，接着问依依：“所有树的叶子到了秋天都会落下来吗？”依依点了点头。爸爸让依依看了看窗子外面的松树：“咦，松树的叶子怎么没有落下来？”依依很疑惑，爸爸又让依依观察其他的树，看看哪些树的叶子落下来了，哪些树的叶子还长在树上。依依又发现，小区绿化带的小矮树上的叶子也没有落下来。

依依自己总结了：“有的树叶会落下来，有的树叶不落下来。”她为今天的新发现感到特别高兴，想着上幼儿园后，要把这个发现告诉老师。

爸爸在引导依依的过程中，先是赞扬了依依是个喜欢观察的好孩子，然后提出问题，引发依依观察和思考，这些互动都大大增强了依依的好奇心和兴趣，最后依依自己进行了总结，成就感满满。接下来，依依会更认真地观察周围的事物，对学习的兴趣会越来越高。

<< 物质奖励影响孩子的主动性

同样的场景，我们来看看豆豆的爸爸是怎么做的。豆豆把在幼儿园学到的秋天树叶落下来，春天又长出新的叶子告诉了爸爸。

爸爸特别高兴，立刻表扬豆豆：“我儿子真棒！爸爸奖励你，给你买个玩具好不好？”豆豆一听要买玩具，高兴得蹦了起来：“我要一个奥特曼！”爷儿俩买回了奥特曼，豆豆一直抱着玩具，连饭都不吃了。

豆豆的爸爸看到儿子学了新知识，直接用了物质奖励，把豆豆的关注点引到了玩具上。我们可以猜测一下，等下一次爸爸让豆豆观察，哪些树的叶子落了，哪些树的叶子不落，豆豆的反应会是什么？大概率事件是豆豆说：“爸爸，如果我观察了，你要给我买个玩具。”本来豆豆有学习的主动性，因为自己学到的新知识而高兴，但是当豆豆发现自己学到的知识可以换玩具的时候，就会热衷于换玩具；如果有一天换不来玩具时，豆豆的学习热情就会下降。

这两种方法，对孩子的影响截然不同。依依的爸爸引发了依依更浓的学习兴趣，加强了依依的内在动机，让依依从学习上获得更多的成就感，爱上学习；而豆豆的爸爸通过一个玩具把豆豆的内在动机转变成了外部动机，使得豆豆为了得到玩具而去学习，破坏了豆豆学习的主动性。所以，父母一定要慎重地运用物质奖励，把关注点放在孩子的学习动机上，这样才能培养孩子的学习力。

3分钟思考

你主要对孩子进行什么样的奖励？

CHAPTER 5

沟通表达力：

激发孩子的沟通和表达热情

语言能力是孩子人际关系的基础，可以有效地帮助孩子与他人沟通自己的想法，表达自己的需求。除此之外，语言还是社交的重要媒介，是培养孩子逻辑和推理能力的重要工具，从语言表达可以看出一个人是否具有清晰的逻辑和思路。

培养孩子的沟通表达能力，需要父母为孩子创设丰富的语言环境，多倾听孩子，陪孩子聊天，积极主动地回应，创造更多的机会，让孩子把自己的需求和想法说出来，这种表达的意识和习惯，孩子会终身受益。

导读

良好的沟通表达能力对每一个人都很重要，如果大家能清楚地表达自己的想法和需求，那世界上的冲突和矛盾会减少很多。

一天，在国外读大学的女儿跟我视频，说因为她跟搭档的意见不一致，正在做的项目推进不下去了，很郁闷。我详细地询问了情况，发现她们俩的想法并没有太大分歧，问题出在谁都没有把自己的观点说清楚。我建议女儿，整理好自己的思路，把自己的观点列成提纲，跟搭档做一次清楚的沟通。一小时以后，女儿高兴地给我发来信息，说问题解决了，她们已经在继续工作了。

不管是大人还是孩子，如果不能清晰地表达自己的观点和需求，他的情绪状态和人际交往都会受到影响。我咨询过很多案例，孩子的哭闹和社交问题都是因为沟通表达能力弱。

学会用语言表达能减少孩子的哭闹

随着孩子的成长，他的表达方式也在不断进步。半岁以前，孩子主要用哭来表达各种需求；半岁以后，开始用哼哼哈哈的声音配合手势、扭动身体等方式让大人明白自己的意思；1岁左右学会说话。从此以后，语言就成为孩子重要的表达工具。我用几个不同年龄段孩子的案例来说明这一点：

2个月大的美美哭了，妈妈先看了看纸尿裤，纸尿裤干干的；又给美美喂奶，美美吃了两口就不吃了，继续哭；妈妈就把美美竖着抱起来，在屋子里走动，美美瞪着眼睛看着屋里的东西，不哭了。美美的哭表达的需求是：我很无聊，抱我起来玩儿一玩儿。

3岁的强强搭了个高高的积木塔，突然积木塔倒了，强强哇的一声就哭了。奶奶说："不就是积木倒了嘛，咱不和积木玩儿了。"听了奶奶的话，强强哭得更伤心了。爸爸看到了，走过来摸着强强的头说："积木倒了，强强好伤心呢。"听了爸爸的话，强强的哭声小了。过了一会儿，强强跟爸爸说："爸爸，你跟我一起搭吧。"强强的哭表达的需求是：积木倒了我很伤心，我需要帮助。

5岁的豪豪和明明在小区里玩儿得特别开心，他们一起玩抓坏蛋的游戏，豪豪特别喜欢明明新买的玩具枪。过了一会儿，明明要回家了，可豪豪还想玩儿。明明妈邀请豪豪去他们家玩儿，但是豪豪妈说一会儿要出去买东西，就不去了。豪豪伤心地哭了，一边哭一边说："我不想去买东西。"豪豪的哭表达的需求是：我想去明明家玩冲锋枪。

当孩子还不能用语言表达自己的需求和感受时，哭是他们最本能的反应，孩子通过哭把自己的信息传递给父母，得到父母的安抚和照顾。当孩子学会了说话，语言开始成为重要的交流工具，孩子发现语言是个神奇的东西——他说“奶”，妈妈就会把奶拿过来；说“爸爸”，爸爸就会高兴地举高高。通过语言，孩子能更准确地表达自己的需求。

所以，父母一定要重视培养孩子的表达能力，鼓励孩子把自己的想法、需求和感受表达出来，这样，孩子的哭闹更少，社交能力也会更强。

3分钟思考

你的孩子在什么情况下哭闹得最厉害？为什么？

孩子语言发展的基本规律

孩子语言的发展，分为下面几个阶段。

<< 语言准备阶段：1岁以前

语言准备包括两方面，一方面是说出词的准备，包括发出语音和说出最初的词；另一方面是理解词的准备，包括对语音的知觉和对词的理解。

在这个阶段，孩子学习分辨各种声音的差别，通过跟成人玩互相模仿式的发音游戏，模仿成人语音。等到1岁左右，孩子已经能辨别母语中的各种语音，认识到这些语音所代表的意义，为说出语言做好了准备。

<< 理解语言迅速发展阶段：1岁～1岁半

在这个阶段，孩子正式开始说话，但说出来的几乎都是单个词，一个词代表一个句子。孩子能理解的语言大量增加，说出的词语却很少，甚至会出现一个短暂的相对沉默期——孩子不说话，只用手势和行动示意。

2岁以前，孩子语言发展的体现不是他能够说什么，而是他能够理解什么，这叫作“理解性语言”。在11～12个月大时，孩子通常能够懂得十几个词和一小部分简单的指示。在14～15个月大时，可以理解40个词左右。

<< 积极说话阶段：1岁半～3岁

这个时期，孩子好像突然开口了，说话的积极性很高，词汇量也大量增加，一个词代表一句话的情况少了，简单句在逐渐增加，比如“宝宝吃饭”“饼干掉了”“找妈妈”等。2岁以后，孩子逐渐能说出比较完整的句子，比如“奶奶给宝宝糖”，句子的长度也不断增加。

<< 基本掌握口语阶段：3～6岁

3岁以后，孩子说出的句子的长度、复杂性和语法的正确性都有了快速进步。他们自己能注意并理解“爸爸抱抱”和“抱抱爸爸”是完全不同的。孩子开始说出各种形式的复杂句子，比如：“妈妈上班，爸爸上班，我上幼儿园。”“我打针不怕疼，因为我勇敢。”句子里也出现复杂的修饰语，比如：“小猫有毛茸茸的尾巴。”

以上是孩子语言发展的基本规律，但这并不是说同样年龄的孩子语言水平差不多。实际上，语言发展的个体差异很大，年龄差不多大的孩子，表达能力差距很大。有些2岁的孩子还在说一个一个的单词，而有些2岁的孩子已经会讲简单的故事了。语言发展的这种个体差异，跟孩子出生后的语言环境有很大关系。

3分钟思考

你孩子的语言处在哪个发展阶段？跟孩子的年龄阶段相符吗？

家庭语言环境是影响孩子早期语言发展的重要因素

语言的个体差异为什么这么大？这其中有遗传基因的影响，更重要的影响来自家庭语言环境。家庭语言环境决定了孩子能听到多少词汇、多少句子和哪些谈话，如果孩子听着丰富的语音、词语和句子，他很快就能熟练地使用语言。在丰富的语言环境中，在孩子学会说话之前，父母对孩子说话，孩子学习模仿语音，理解这些词语的含义，为开口说话做准备；孩子会说话以后，父母与孩子交流，引导和鼓励孩子表达自己的想法。

欣欣和球球是早教中心的同班同学，都是2岁半，在丰富的语言环境中长大的欣欣和在贫瘠的语言环境中长大的球球，语言能力差距很大。

欣欣从4个月大就开始在早教中心上课，6个月大的时候，她已经能听懂几个词了。妈妈说“灯”的时候，她就去看天花板上那个发光的东西，妈妈说“娃娃”的时候，她就去看那个红色的、毛茸茸的东西。虽然欣欣对妈妈做出的回应不多，但是妈妈喜欢跟欣欣说话：“欣欣，妈妈把衣服叠起来，看，这是欣欣的袜子，这是妈妈的袜子。”“欣欣，妈妈带你出去玩儿，来，把你的帽子戴上。”“欣欣，门铃响了，咱们去看看，是不是爸爸回来了？”“欣欣，咱们来看书了，你看看，这是什么？这是大苹果，欣欣可喜欢吃苹果了。”

就在这些家长里短的日常对话中，欣欣的语言理解能力有了突飞猛进的发展。刚到1岁，欣欣的语言就爆发了，先是一个词一个词地往外蹦，如“妈妈”“爸爸”“奶”。很快就变成了两个词“妈妈抱抱”“给欣欣”。当欣欣喊“喝奶喝奶”时，妈妈就会冲好奶拿过来；当欣欣说“出去玩儿”时，爸爸就会带她出去。欣欣发现，爸爸妈妈会认真听她说话，当她说出自己的要求，爸爸妈妈会特别高兴地去满足，于是她就更喜欢说话了。还不到2岁，欣欣就能说出完整的句子，如“妈妈上班去了”。

球球也在早教中心上课。他的妈妈全职在家，把他照顾得极其精细。但是，妈妈觉得跟球球说话他也听不懂，平时很少跟球球说话，球球也不需要说话。1岁多的时候，球球只需要朝奶瓶一指，妈妈立刻就去冲奶。就这样，球球的表达靠哼唧、眼神和手势就能完成了，语言没有多大作用。所以，球球2岁的时候，嘴里就是“妈妈”“啊”“来”这几个词。

随着球球逐渐长大，他的自我意识不断增强，想法也越来越多，但是表达能力不能支持他清楚地说出自己的想法，别人也不明白他的意思。在家里，球球经常因为别人不明白他的想法而发脾气；在外面，球球也经常跟其他孩子发生冲突，他会什么话也不说，直接把小朋友的玩具抢过来，或者把小朋友从秋千上推下来，自己去玩秋千。

丰富的语言环境是孩子早期语言发展最重要的因素，如果孩子2岁前的语言环境不够丰富，又没有机会用语言表达自己的需求，那么这个孩子的语言能力往往会落后于同龄的孩子。其中，父母与孩子的互动质量是影响孩子语言水平的重要因素。

3分钟思考

你给孩子创设了什么样的语言环境？需要在哪些方面进行改进？

运用“3T原则”创设丰富的语言环境

美国芝加哥大学的儿科教授达娜·萨斯金德，通过多年的研究发现：孩子早期接触的语言数量，不仅影响孩子的性格和学习能力，还会对大脑的构造和发展产生重要的影响。最明显的结果是，早期接触词汇多的孩子，到三年级的时候成绩会明显优于词汇量少的孩子。

萨斯金德据此提出了父母与孩子沟通的“3T原则”：共情关注（Tune in）、充分交流（Talk more）和轮流谈话（Take turns）。父母可以运用“3T原则”，通过自己的语言让孩子轻松收听3000万次词汇。

<< 第一个“T”——共情关注

即孩子关注什么父母就关注什么，并及时对孩子的行为做出回应。

这对年龄较小的孩子，尤其是还不会说话的婴儿最为重要。当孩子发出声音时，父母要试着去理解他的意思，父母的反应和理解会鼓励他尝试着继续交流。例如，当他发出声音，并注视着某件物品时，父母可以说出视线范围内他也许想表达的所有物品，如果父母说中了，他会立即表现出极大的喜悦。

但是父母做的经常与孩子背道而驰，孩子在看地上的蚂蚁，妈妈却在给他形容路边的花有多美；孩子正在搭积木，妈妈却拿着一本书，告诉孩子这本书很有趣；孩子正在很专注地用铲子挖土，妈妈却让他过来玩球……这些都没有做到共情关注。

正确的做法应该是：父母要密切注意孩子的一举一动，先观察孩子的行为，理解孩子的目的，然后加入到孩子的兴趣之中，在兴趣互动中产生的语言对话，才能被孩子很好地吸收。

<< 第二个“T”——充分交流

充分交流有三个重点：边做边说、少说代词和拓展孩子的语言。

边做边说

边做边说就是父母把自己正在做的事情、周围正在发生的事情解说给孩子听，父母就像球场上的解说员。妈妈要给孩子换纸尿裤，可以这样边做边说：“妈妈来给你换纸尿裤了，看看，湿透了。”“来吧，宝贝，准备换新的纸尿裤了，抬起你的腿，把干净的纸尿裤放在小屁屁下面。”“不湿了，摸一摸，又干又软又舒服。”“咱们再穿上带小猴子图案的裤子，好了，搞定！”

在刷牙的时候，妈妈也可以边做边说：“到刷牙时间了，这是你的牙刷，紫色的，这是妈妈的牙刷，蓝色的，这是爸爸的牙刷，黄色的。”“现在我们要把牙膏挤到牙刷上，挤出一个小豆豆这么大的牙膏就够了。”“好，开始刷牙，从上到下，从前往后。”

一段简短的边做边说，把孩子正在做的、看见的、听见的、闻到的、尝到的以及感觉到的描述给他听，可以让孩子把语言、动作以及实物联系到一起，不仅能增加孩子的词汇量，还能提高孩子的语言理解能力，为孩子表达做好准备。

边做边说主要是针对年龄小一点儿的孩子，如果孩子4岁了，就要减少边做边说的习惯，否则会让孩子感觉到父母唠叨，反而起到负面作用。

少说代词

我们经常说“我不喜欢这个”“我想买它，不想买它”“我带你去那儿”。

如果父母经常对孩子这么说，会让孩子感到很困惑。我们可以换一种说法，把代词换成具体的事物。比如："我喜欢你画的这个小狗的图案。""我带你去一个有很多娱乐设施的儿童游乐场。""请你把桌子上蓝色的水杯帮我拿过来。"这样可以减少孩子的疑惑，提高他交流的兴趣。

扩展孩子的语言

当孩子学会说话时，经常是从一个字、两个字、三个字开始说，父母可以在孩子语言的基础上补充、扩展一下。

比如，孩子说"抱抱"，妈妈可以补充说："宝宝累了，想让妈妈抱起来。"孩子说"尿尿"，妈妈可以补充说："宝贝想尿尿了，妈妈带宝贝去洗手间。"孩子说"香"，妈妈可以补充说："宝贝很喜欢吃这个饼干，吃起来很香。"这样补充之后，孩子就能慢慢学会完整地表达了。

<< 第三个"T"——轮流谈话

轮流谈话的重点是父母学会在对话中问孩子一些问题。

轮流谈话是孩子语言发展过程中的一个重要方法，刚会说话的孩子要学习等别人说完了再说，这需要考虑到别人的感受，与孩子的社会性发展有关。轮流谈话不仅包括倾听和表达的技巧，还包括培养孩子人际交往和道德行为的基本方法。

父母可以通过提问让孩子学会轮流谈话，提问也是另外一种帮助孩子发展语言能力的重要方式。在孩子学会说话后，父母就可以经常向孩子提问了。我经常见到父母这样问孩子："这是什么""鸟。""这是什么颜色？""红色。"在这些对话中，孩子需要表达的语言并不多，对语言发展也没有太多的促进作用。

怎么通过提问激发孩子的表达欲呢？多问"怎么办"和"为什么"。这就是开放式提问，开放式能够引发孩子独立思考、锻炼表达能力。父母可以问孩子："肚子饿了怎么办啊？""宝贝想吃苹果却拿不到怎么办啊？""春天来了，公园有什么变化啊？""树枝为什么开始变成绿色了？"……问完了之后，可以给孩子一点儿时间，让他去思考和组织语言去表达。当孩子表达之后，父母可以再补充拓展，或者一起探讨这个问题。

上面就是非常实用的"3T原则"，父母通过共情关注、充分交流和轮流谈话，为孩子创设了丰富的语言环境，能够让孩子听到更多的词汇，跟父母进行更多的交流，锻炼孩子的表达能力。

3分钟练习

从现在开始，刻意地运用"3T原则"跟孩子交流。刚开始运用起来可能会比较别扭，当你习惯了，就会运用自如。

建立积极主动式回应的沟通模式

当孩子学会了说话，就开始了用语言沟通的历程。孩子沟通的信息有下面四个类型：

1.提出自己的要求，比如："吃饼干。""不要睡觉。""我能买玩具吗？"

2.得到别人的关注，比如："妈妈看，我搭了个大高楼！""妈妈，我吃完了！"

3.提问并探索答案，比如："这是什么？""妹妹为什么哭了？"

4.表达关心和情感，比如："谢谢老师！""我爱妈妈！"

当孩子与父母沟通时，父母的回应方式对孩子是否还要沟通下去起到了决定作用，下面是四种常见的父母的回应方式：

1.积极主动回应：保持目光接触，表达积极的情绪，比如真诚的微笑、大笑、触摸等，语言上真诚热情地支持。

2.积极被动回应：很少甚至没有积极情绪的表达，语言上低调支持。

3.消极主动回应：表现出消极情绪，比如不高兴、皱眉，语言上指出事物的消极方面。

4.消极被动回应：几乎没有任何目光接触，甚至走开，语言上忽视这个事件。

我们看一下这个场景：孩子搭了一座大高楼，拉着你去看："妈妈，看我搭的大高楼！"你会做出什么样的反应？

1.积极主动回应：摸着孩子的头，看着这座大高楼，微笑着说：“真不错。这是什么楼啊？你是怎么搭起来的？”

2.积极被动回应：看了一眼大高楼，没有太多情绪地说：“很好啊。”

3.消极主动回应：对着孩子搭的高楼皱着眉头说：“这座楼怎么是歪的？赶紧弄一弄，否则一会儿该塌了。”

4.消极被动回应：跟没看到这座楼一样，对孩子说：“该吃饭了，快去洗手。”

如果你是这个孩子，对于这四种回应，分别有什么样的感受？哪种回应会让你有兴趣继续沟通呢？很显然，当父母做出积极主动回应的时候，孩子会更有兴趣向你介绍他的作品：“这是我们家住的高楼，上面有很多窗子，我花了好长时间搭的。”

父母积极主动的回应，有助于与孩子建立良好的沟通关系，可以大大激发孩子表达的兴趣，对培养孩子的沟通能力有很大帮助。我强烈建议父母要学会这种沟通方式。在回应的时候，父母要充分发挥自己的好奇心向孩子提问，热情地主动回应，利用智慧来指出孩子可以汲取的宝贵经验教训，体现父母作为设计者、顾问和权威的角色，为孩子提供适宜的支持和帮助。

3分钟练习

当孩子告诉你事情，寻求你的关注时，要认真倾听，试着用积极主动的方式来回应。

父母做好榜样——好好说话，坚定行动

亲子间良好的沟通不仅可以营造温馨的家庭氛围，更重要的是，通过父母的言传身教，孩子学会了用沟通解决现在和将来遇到的问题。但是，很多家庭的沟通并不顺畅，出于各种原因都不能好好说话。

在一次录制节目中场休息的时候，节目的编导找我咨询。她的问题是，每次好好地跟女儿娇娇说话，女儿都不行动，非要等到妈妈一声吼，她才乖乖地去行动。她觉得，跟孩子好好说话不太管用。

<< 父母为什么喜欢吼

当孩子的自我意识不断增强，越来越希望按照自己的意愿去做事情，孩子与父母的矛盾就会变得更加突出。很多父母从这个时候开始变得爱吼。

因为父母感觉用正常的声音说话，好像没有作用。“把玩具收起来！”“别动那盆花了！”“吃饭别敲碗！”这些话，父母第一次说没用，第二次说也没用，只有用最大音量吼出来的时候，好像起到了威慑作用。孩子感觉到，如果再不行动就要被惩罚了。造成这种情况的原因是孩子已经知道，妈妈吼了，说明自己该行动了；如果不吼，自己还可以赖一会儿。

<< 用四步法戒吼

父母要改变这种状况，需要让孩子知道，父母在提出要求后，孩子就要行动，否则就要承担不行动的后果。以娇娇收玩具为例，妈妈说：“娇娇，再玩儿5分钟就该收玩具了，你是想自己收，还是妈妈跟你一起收？”妈妈说的是5分钟后收玩具，给了娇娇缓冲和心理准备的时间。不管是对孩子还是成人，缓冲时间是减少矛盾的好方法。

如果5分钟后，娇娇收了玩具，在收完之后，妈妈就要鼓励娇娇：“今天娇娇收玩具很快，玩具放得很整齐。”那娇娇就能从收玩具这件事情上得到成就感和价值感，行为逐渐形成正向的循环。

但是，娇娇已经形成了靠吼才行动的习惯，如果她不肯收玩具，大喊：“我不收玩具，我还要玩儿！”妈妈该怎么办呢？

遇到这种情况，妈妈先要对娇娇的感受表示认同：“娇娇玩得儿正高兴呢，收玩具不开心，是不是呀？不过现在收了玩具，明天还可以再玩儿。”再给娇娇一个选择：“你是想自己收呢，还是妈妈跟你一起收？”如果娇娇收了玩具，妈妈依旧鼓励娇娇。

在这个过程中，妈妈没有用吼的方法，通过给缓冲时间、认同孩子的感受、给孩子选择和鼓励孩子这四个步骤，让孩子完成活动的转换。

上面的四个步骤，可以适用于大多数活动转换的场景。比如现在需要关上电视吃饭，妈妈首先给娇娇缓冲时间：“娇娇，5分钟（或者这集动画片结束）后，就关上电视吃饭了。”然后给出选择：“你是自己关电视呢，还是妈妈帮你关？”如果娇娇关上电视，妈妈要给予鼓励：“娇娇自己关上电视了。”如果娇娇不同意关电视，妈妈要认同娇娇的感受：“娇娇还想看电视，关上电视会不高兴。但是该吃饭了，现在关上电视，明天咱们再看。”然后再次给娇娇选择：“你是自己关电视呢，还是妈妈帮你关？”关了电视之后，妈妈别忘了鼓励娇娇，这次的鼓励，可以让下次关电视变得更容易。

<< 好好说话，坚定行动

如果父母给了缓冲时间，也认同了感受，也说了选择，孩子就是不收玩具，就是不关电视怎么办？这个时候，父母依旧要保持平和的态度和语气，告诉孩子："现在要收了玩具准备睡觉/关上电视准备吃饭。"但是行动要坚定，让孩子把玩具收起来，或者把电视关上。

这个时候孩子通常会哭闹，要求接着玩玩具或者看电视，父母可以抱抱孩子，温和地说："我知道，收了玩具，你不高兴。"孩子受挫了哭闹很正常，父母需要给孩子一些时间处理自己的情绪。这个时候，父母不要吼，不要叫，保持好好说话的态度，更不要妥协，这样几次后孩子就能够适应了。

我把上面的这个方法叫作：好好说话，坚定行动。好好说话不仅涉及语言，还包括非语言沟通元素——眼神接触、姿势和位置、语气、面部表情和身体接触。比起语言，父母的语气和姿态作用会更大。这是父母给孩子做的沟通榜样。在交流过程中，平和的语气至关重要，这是赢得孩子合作的重要因素。在孩子反抗的时候，父母会习惯性地故意提高音量，希望这样可以压过孩子，战胜他们的反抗，实际上，这样做反而增强了孩子的反抗尺度。

坚定行动是指，父母的行为不会因为孩子哭闹或其他情况而改变。在养育孩子的过程中，行动永远比语言重要。很多用打来管教孩子的父母控制不了自己的情绪，又无法做到行动坚定，只能用打的方式。

好好说话，坚定行动几乎适用于所有的场景，不仅能帮助父母与孩子建立起良好的沟通机制，还能更好地改善亲子关系。这个方法对孩子有两个重要的意义：第一，让孩子学习处理自己的情绪，适应活动的转换；第二，让孩子学会用语言沟通解决问题。父母在运用这个方法的过程中，要学习认同孩子的感受，管理自己的情绪，用语言正面地表达自己的要求，这也是父母提高自己的沟通表达水平，不断进步和成长的过程。

3分钟练习

请你把“好好说话，坚定行动”用到跟孩子的相处过程中。

重视早期阅读对孩子语言发展的重要作用

早期的亲子阅读对孩子的语言发展有重要的促进作用，给孩子提供了认识书面文字的机会，为学习奠定了非常好的基础。与口语相比，书面语言语法更完善、句子更长、文笔更优美，能够更好地促进孩子的语言发展。

孩子对书的行为分为三个阶段：探索阶段、注意阶段和理解增长阶段。

在探索阶段，孩子对图书的探索跟其他的玩具没有分别，没有什么目的性。孩子会用不同的姿势抓住书，用手拂过不同的书页，把书放在嘴里咬，把书撕掉等。

到注意阶段的时候，孩子对图书物理结构的探索明显减少，不再故意去撕坏书，喜欢盯着书看，会把书递给父母，让父母读给自己听，愿意坐在父母的膝盖上读书，能用手指着一张单独的图片，对图片笑，感觉他认识图片；对于熟悉的物品，他会说出名字，对于不认识的物品，他会问“这是什么”，能挑选自己喜欢的图书，正确地翻书。

在理解增长阶段，孩子能够理清故事的顺序，说出故事书中的人物或情节，并能显示出自己已经理解了故事的大概内容，能够将书中的事件和自己的经历联系起来。主动要求“读”给父母听。如果这些书内容比较简单，孩子很可能相当准确地复述一些图书的内容。在孩子熟悉的故事中，如果父母读错了一个词，他会表示不满，并纠正错误。他把手指或整个手掌移到一行文字上，并且说出这些文字表达的意思，而且，他的解释有可能正是所指的文字或所在段落。

从孩子几个月大开始，父母就可以进行亲子共读了。对于小婴儿，父母可以把孩子抱在怀里，轻柔地读着绘本；对于大一些的孩子，父母可以把阅读作为睡前的亲子活动，这样不仅能发展孩子的语言，还能建立良好的亲子依恋。

3分钟练习

从现在开始，选择合适的绘本，跟孩子一起亲子共读。

儿歌、童谣和古诗文都是孩子学习语言的重要材料

最近国学学习很热，我经常被家长询问，孩子要不要背诵古诗文、《三字经》等国学读物？我也见过很多孩子可以熟练背诵古诗文，看起来很厉害的样子。这是因为根据记忆发展规律，小孩子的机械记忆能力比成人要好得多，他们可以不用理解意思而硬背下来，这让孩子学习古诗词等国学材料效果很明显。

古诗文语言优美、内涵丰富，是中国文化的传承，但是大多数古诗文很抽象，离孩子的生活很远，从孩子的认知特点和生活经验来讲，他们对词义的理解水平有限，常常不能准确地理解概括性很强或很抽象的句子，比如“欲穷千里目，更上一层楼”“养不教，父之过；教不严，师之惰”等。虽然孩子理解这些内容有困难，但是由于他们的机械记忆能力很好，能很快背诵出来，这会让大人和孩子都很有成就感。不过，即使孩子当时能够背诵出这些古诗文，在以后的时间里，如果这些古诗文没有被应用，在孩子的大脑中就无法建立永久的连接，很快被会被忘掉。

美国著名的阅读研究专家吉姆·崔利斯在《朗读手册》中提到：“押韵的文字很容易吸引孩子的注意力，就是因为孩子最早听到也是最熟悉的声音是母亲的心跳，而心跳的节奏与押韵文字的节奏类似。”古诗文语言优美，有节奏和韵律，容易传播和记忆，儿歌和童谣也有这样的特点。

儿歌和童谣语句简单、韵脚鲜明、节奏感强，使用的词汇主要是名词

（动物、植物、食物、日常用品、交通工具等）、动词（走、跑、跳、爬等基本动作）、形容词（颜色、形状、大小等），这些词反映的事物及其属性比较具体，符合孩子的思维特点。儿歌和童谣塑造的形象非常具体，着重对人和事物的具体描绘，突出它们的形态、色彩和动作，念起来感到形象、逼真。比如有一首这样的儿歌："小兔子，去赶集，买个萝卜当鸭梨。"非常受孩子的喜爱。

鉴于以上原因，我的建议是，儿歌、童谣和古诗文都要成为孩子学习语言的重要材料，4岁前，儿歌和童谣多一些，父母和老师选择小部分容易理解的古诗文，让孩子学习诵读，了解中国传统文化；4岁以后，逐渐增加古诗文的比重。在选择古诗文的时候，要考虑孩子的心理发展特点，像"鹅鹅鹅，曲项向天歌""两个黄鹂鸣翠柳，一行白鹭上青天"这些形象的、容易理解的诗歌会更适合孩子学习诵读。

3分钟练习

多跟孩子一起唱儿歌和童谣，为孩子选择容易理解的古诗文，这能够促进孩子语言能力的发展。

CHAPTER 6

情绪管理力：

父母的身教是孩子最好的榜样

孩子在不同的年龄会出现不同的成长问题，父母和孩子之间的矛盾、意见分歧和冲突是一种常态，这些成长的烦恼是客观存在的。当父母以平常而积极的心态来看待，不仅自己的挫败感会减少，情绪失控的情况也会减少。

生活本来就是五颜六色的，养育孩子的过程给生活增添了不同的颜色，当父母学会以成长性思维去看待这一切，就能享受与孩子一起成长的宝贵时光。

导读

在一个人的生命历程中，情绪的影响力非常大。一个情绪平和的人，不仅自己快乐，也会让周围的人快乐；一个情绪平和的妈妈，能让家庭气氛更温馨，孩子情绪更稳定。

遗憾的是，现代社会生活节奏不断加快，人的压力不断增大，情绪平和变成了奢侈品，特别是女性，受大脑结构和激素变化的影响，更容易情绪化。所以，学会情绪管理，对于父母自身的成长，对于养育孩子，都非常有帮助。

父母的情绪困扰来自多方面，其中重要的一项是孩子的成长问题。在我多年的工作中，家长咨询排名前三的问题是：孩子哭闹发脾气、社交问题和注意力不集中。这三个问题是随着孩子年龄的增长顺序出现的，从1岁半左右，孩子的情绪问题——哭闹发脾气成为困扰家长的第一大问题。

孩子发脾气的常见原因

<< 原因之一：动作能力与认知能力不匹配，产生挫败感

孩子会爬了，会走了，能用语言表达自己的想法了，冲突和挑战也就出现了。

2岁的孩子，他知道柜子里有饼干，这是他的认知能力，而他的动作能力还不能支持他打开柜门拿到饼干，他想拿到饼干的愿望不能实现，冲突就发生了。他很可能会大哭大喊，甚至躺在地上打滚儿。

4岁的孩子，希望画一幅他在海洋馆看过的有关海底世界的画，有各种热带鱼、珊瑚和水草。但是他的绘画能力不能支持他画得像他看到的那样，冲突又发生了。他很可能会把自己的画笔扔掉，把画了一半的画撕掉。

动作能力与认知能力不匹配，也就是“我想做但是做不到”，是孩子发脾气的重要原因。这时候，父母需要给孩子提供必要的帮助，帮助他做到，而不是代替他做到，这样能减少他的挫败感。比如在孩子够不着饼干的时候，给他一个小凳子踩着，比直接把饼干给他更能建立孩子的成就感。在孩子不能画出心目中的画时，找各种热带鱼、珊瑚和水草的图片让孩子观察，引导孩子勾勒出简单的轮廓，能更好地提升孩子的绘画能力。

这种动作能力与认知能力不匹配引起的挫败感，或者说不能完成任务的

挫败感，孩子在每个年龄段都会出现，需要父母对孩子有针对性地进行支持和指导，在这方面，与孩子建立了梯子型亲子关系的父母会做得比较好。

<< 原因之二：自我意识增强，与大人争夺掌控权时受阻

孩子发脾气的另一个原因，是他在获得掌控权的过程中受阻。从1岁半开始，孩子的自我意识开始出现，希望按照自己的意愿去做事情，当他不能这样做时，冲突就发生了。这样的场景在生活中经常出现：我现在要看动画片，不要去睡觉，妈妈让我去睡觉，我就发脾气。类似的还有，我不想收玩具，我不想刷牙，我不想回家等。

当这种冲突频繁发生时，说明孩子进入了人生的第一个反抗期，反抗期的出现跟孩子的自我意识和能力发展有关。人的成长，经历从无助到掌控的过程，孩子先学会掌控自己的身体动作，抬头、翻身、爬、走、跑、跳等；再学会掌控语言，用语言表达自己的想法；再学会掌控自己的生活，我想干什么，我不想干什么。孩子希望按照孩子的意愿，而大人希望按照大人的意愿，这就是在争夺掌控权。

进入人生的第一个反抗期，与大人争夺掌控权，也就是谁说了算，是孩子发脾气的第二个原因。与孩子建立了绳子型亲子关系的父母，更容易在控制权方面与孩子产生矛盾。为了避免冲突的出现，父母需要有这样的意识，随着孩子的长大，给孩子的自由要不断增多，同时要建立规则，通过规则和自由的平衡，增加孩子的掌控权，这对培养孩子的自信和积极乐观的心态都非常有帮助。

<< 原因之三：寻求关注时受挫

归属感和价值感是所有人的追求目标，孩子的归属感和价值感决定了他

们的行为表现、成绩表现和人际关系，而最早的价值感和归属感来自父母的爱和关注，孩子要不断确认，父母是在关注自己的。2岁的孩子让父母去看自己正在吃的冰激凌，4岁的孩子会让父母看自己在幼儿园得到的小红花，6岁的孩子会让父母看自己作业本上的100分，这些行为都是要确认自己受到了关注。

如果孩子发现，父母心不在焉，看手机，忙自己的事情，被关注的需求没有得到满足，就会有挫败感，通常会用哭闹发脾气来吸引父母关注。特别是一些看起来无厘头的哭闹发脾气，在排除了健康原因以外，大多数是因为孩子在寻求关注。

寻求关注，就是证明我对你很重要，是孩子发脾气的第三个原因。与孩子建立了沙子型亲子关系的父母容易对孩子造成忽视，孩子会试图用哭闹来寻求父母的关注；罩子型亲子关系中的父母没有给孩子独立的空间，对孩子过度关注，孩子同样也会用哭闹来满足自己过度的需求。

给孩子适当的关注，通过眼神、语言、动作表明你对孩子非常在意，孩子是你非常重要的人，会大大提高孩子的归属感和价值感，与此同时，还要培养孩子的独立能力，让孩子学会独自玩耍、自得其乐以及解决问题的能力。

<< 原因之四：身体或精神状态欠佳

另外，孩子处在累了、饿了、困了、生病等不舒服状态时，哭闹和发脾气就是家常便饭了，这些哭闹通常在需求得到满足以后，就能够解决了。父母要科学合理地安排孩子一天的生活，避免过度劳累和兴奋，都可以减少孩子发脾气哭闹的情况。

以上是孩子发脾气的常见原因，如果父母在这四个方面做得比较好，那么孩子发脾气的情况会减少。但是，生活中的矛盾冲突是不可避免的，孩子的情绪失控是父母必须面对的。这一章接下来的内容，我着重讲解如何帮助孩子学会情绪管理的方法。

3分钟思考

你的孩子发脾气的原因是什么？做哪些事情可以减少孩子发脾气？

孩子从亲近的人身上学习如何管理自己的情绪

情绪就像困在笼子里的小怪兽，小怪兽的本能是冲出笼子，而让小怪兽平静下来，需要学习和练习。因为孩子最早对情绪管理的学习，是模仿周围最亲近的人，所以父母的情绪管理能力，特别是妈妈的情绪管理能力，直接影响到孩子对情绪的管理。如果妈妈或爸爸脾气暴躁，孩子变得很暴躁是个大概率事件。

在我讲课的时候，很多家长都会问如何改变孩子脾气暴躁的问题，我的建议是家长自己先改变，原因是家长改变自己的过程，就是学会情绪管理的过程，家长的体验和学到的方法，对孩子会有很大的影响。

我曾经看过一个视频，内容是一个美国加州的3岁小男孩为自己和妈妈准备晚餐，在这个过程中出了很多状况。第一次，小男孩倒橙汁的时候洒在了地上，他端着两杯橙汁踩了上去，狠狠地摔了一跤，两杯橙汁也扔了出去。小男孩自己爬起来，并没有哭，平静地说了一句："哦，我得把地擦干净。"擦完地以后，他重新倒了橙汁，可很不幸，这次又摔倒了，小男孩又一次擦地；直到第三次，小男孩才成功地把两杯橙汁端到桌子上。除了橙汁，他还准备了面包、意大利面，每次拿出食物，他都深深地闻一下，高兴地说一句："好香啊！"当他把蜡烛、花摆在餐桌上后，由衷地赞叹："好美啊！"

我被这个视频惊到了，仔细想了想身边的孩子，没有一个能做到像他这样。在这个过程中，他一直是以平和乐观的态度来面对遇到的困难，积极地感受准备晚餐的快乐。他的动作、表情和语言，有很明显地模仿大人的痕迹。视频的最后，妈妈回家了，发自内心地赞扬儿子精心准备的晚餐，虽然只是简单的几句话和一个拥抱，但是从中可以看出，妈妈确实做了非常好的榜样。

情绪是由大脑的前额皮层掌管的，前额皮层是大脑中靠近前额部分的一个区域，有点儿像核桃仁，皱皱巴巴的。前额皮层是大脑中最复杂的一个部分，掌控着一些对生活非常重要的功能，包括同理心、社交能力、专注能力和使自己平静的能力。前额皮层在出生后开始发育，到25岁逐渐发育成熟。在这个过程中，孩子所处的社会环境和周围的人，特别是亲近的人的行为方式，对前额皮层的发育都起到了很大的作用。如果父母能以乐观平和的态度对待遇到的困难，孩子也会学习父母的态度和反应。这正是我一直在强调父母学会情绪管理的重要原因。

3分钟思考

你在情绪管理方面给孩子做了什么榜样？

成人情绪管理的经典方法

在情绪管理这件事上，成人的影响非常大，一个暴躁的妈妈很难有一个情绪平和的孩子。我自己的亲身体验，当我变得平和时，我女儿发脾气的情况也大大减少了。父母只想着怎么应对孩子的情绪，而自己不去学习和改变，是没有效果的。所以，父母必须学会管理自己的情绪。很多疾病都是由于情绪而起，父母学会面对、疏导、管理自己的情绪，对健康、人际关系也同样非常有帮助。

很多人对情绪管理有误解，以为情绪管理就是在出现不良情绪的时候，用一些方法把它们消除掉压制住，让自己在愤怒的时候不愤怒，悲伤的时候不悲伤，焦虑的时候不焦虑。实际上，所有被你拒绝、逃避和压制的情绪，最终都会在到达你情绪抑制的阈限时，以更加猛烈和破坏性的方式爆发出来。

举个例子，当孩子哭喊着说："我不吃饭！"把你辛辛苦苦做的晚饭推到地上，惹得你火冒三丈，你可能会努力地把愤怒压制下去，咬着牙把残局收拾好了，强堆着笑脸，让孩子再吃点儿东西，孩子配合还好，如果他还不吃，又哭又闹，你很可能会控制不住自己对孩子大吼，即使你的容忍能力很强，在这个节点没爆发，那睡前如果孩子再折腾不睡觉，你真的不能压制自己的怒火了，而且会把在晚饭时候压制的部分，一起以更猛烈的方式爆发出来。

所以，情绪不会消失，也不会被压制，只能被理解和接纳。

<< 情绪管理的第一步：面对、理解和接纳自己的情绪

情绪困扰我们的重要原因，是我们不接纳自己的情绪，抗拒情绪的存在，希望情绪迅速消失。但是抗拒让你没有去面对真正的问题，不愿意承担自己的责任，所以问题就不能解决。而问题没解决，情绪就会一直不停地提醒你，你的情绪就会变得越来越强烈，愤怒、焦虑和不安就会越来越难以控制。

所以，第一步要面对、理解和接纳自己的情绪，承认你确实生气了，你确实很焦虑，你确实很伤心。在上面的案例中，当孩子把饭推到地上，要承认你生气了，可以告诉自己：孩子把饭推到地上，我非常生气，我快爆炸了！同时体会和感受自己的愤怒，包括呼吸加重，心跳加快等。

为什么要体会和感受你的情绪呢？因为有强烈情绪的时候，人是由情绪来控制的，容易做出不好的行为。生气的时候，你的大脑中什么都想不了，满脑子想的都是让你生气的人或事——孩子把饭推到地上了，想去破坏或者报复——怎么收拾这个熊孩子。这个时候，情绪完全控制了你，你就是情绪。

而体会和感受就是跳出被情绪控制的过程，让你和情绪分离，你在体会和感受情绪，情绪就无法掌控你，控制权还在你手里。当你去体会、去感受的时候，一个奇妙的现象发生了：情绪好像不见了，你开始想：我在生什么气？为什么焦虑？什么让我悲伤？这进入到了第二个步骤。

提醒一下，如果你有特别强烈的情绪，一时无法做到体会和感受，那就做一个简单动作：不要马上行动，停下来至少60秒，什么也不做也不说，深呼吸，让自己的情绪稳定下来。这虽然很难，但至关重要，能避免情绪激动造成的矛盾升级。

<< 情绪管理的第二步：分析情绪

人类有两套思维系统。一套是自动化思维，是在漫长的进化过程中和个

人成长过程中形成的无条件反射。比如，你看到老虎就想逃跑，看到长得漂亮的人会自愧不如，这都是自动化思维。另一套是理性思维，是人进行了分析以后做出的选择，比如老虎在笼子里，看情况跑不出来，所以没有那么可怕。这两套系统是同时存在的，影响到我们生活的方方面面。

情绪是自动化思维，是本能的反应。要想管理情绪，那就要进行理性思维，首先要分析你的情绪产生的原因。以上面孩子把饭推到地上为例：

你现在的情绪和感受是什么？——生气。

让你产生这种情绪的原因是什么？——孩子不吃饭，还把饭推到地上。

你担心这件事情会有什么样的后果？——担心孩子脾气太暴躁、太任性。

还有没有深层次的原因？——奶奶太惯孩子了，养成了不好的习惯。

你的担心合理吗？——合理，最近这种事情很多。

那怎么解决这个问题？——让老公跟奶奶谈谈。

上面就是分析情绪的过程，抛开了自动化思维，通过理性思维把情绪的原因和后果理清楚，问题就容易解决了。

补充一个分析情绪的小技巧，那就是用第三人称跟自己对话，特别是用自己的名字跟自己对话。一般情况下，我们都会用第一人称跟自己交谈“我为什么这么伤心？”研究人员发现，用第三人称对话，把“我”改成自己的名字“某某为什么这么伤心？”会帮助我们跟自身经历拉开一些距离，让我们在思考与自己相关的问题时，与思考他人的问题更相似，而稍稍远的心理距离有助于情绪管理。

分析情绪的时候，要把激发自己负面情绪的原因记下来，从中能够找到自己的情绪按钮，对它们进行重点防范。所谓情绪按钮，指的是经常激发自己强烈情绪的场景或事件，比如，担心孩子吃饭的家长，孩子不好好吃饭会是一个情绪按钮，而自身社交能力差的家长，孩子不敢交往也会是一个情绪按钮。有的情绪按钮跟自己的成长经验有关，被嘲笑过是胖子的人，别人的一个眼神都会引起自己不愉快的体验；而有的情绪按钮跟长期积累有关，婆媳关系不好的人，不管婆婆做什么事情，都能引起自己不好的情绪。

除了找出自己的负面情绪按钮，还要把正面情绪的激发按钮也记录下来，这样你就会了解什么事情容易让你生气，而什么事情能够让你心情愉悦。

<< 情绪管理的第三步：切换视角，从不同的维度、长远的目标思考困扰自己的事情

通过上面两步，基本上解决了当下的情绪问题。那接下来，换一个维度，换一个视角，来看一下困扰自己的事情：这真是一件难事吗？这件事情有可取的一面吗？给你做了什么提醒吗？一年以后，你还会为这件事情感到困扰吗？把事情好的一面和不好的一面都列出来，能让你用不同的角度去看待问题。

在女儿上幼儿园的时候，我曾经因为对她发脾气而懊恼，自己发过脾气后好几天心情都不好。后来我为这件事情特意请教了一位美国专家，这位专家的一句话让我瞬间释怀：孩子需要知道，谁都会发脾气，发脾气是人的正常反应。

看到事情有利的一面，关注在优点上，对于解决长期困扰自己的问题会很有帮助，当然，这个能力也要不断地学习和练习。

上面的这三个步骤，能够帮你解决情绪问题，对身体健康、人际关系都会有积极的影响。但是，成年人已经形成了非常稳固的行为方式，改起来不太容易，这个时候，你需要一些刻意练习，每次情绪过后，自己反思一下，这次的情绪管理用了哪些方法，起到了什么效果。当你有强烈情绪的时候，有意识地使用这三个步骤，刚开始会很难，只要坚持，效果就会出现。经过一段时间，你就可以掌握对自己最有效的情绪管理方法了。

到这里，我们已经了解了情绪管理的本质，那就是在理解和接纳自己情绪的前提下，理性地思考和控制自己的行为，并通过转换视角的方法，发现事情的有利一面。

3分钟练习

回想你上次发脾气的情形，试着用这三个步骤分析当时的情形和正确的做法。

如何应对孩子发脾气

当父母掌握了情绪管理的方法，不仅自己的情绪管理能力逐渐提高，对孩子更有潜移默化的影响，孩子发脾气的情况也会减少。但是，总会有些情况，孩子的情绪会爆发，下面就来介绍情绪现场的应对策略，一共有三个阶段。

<< 第一阶段　父母先处理自己的情绪

当孩子发脾气的时候，大多数父母都不能做到淡定，所以，第一步就是不要让自己进入到暴风雨里。

让自己平静下来

在确保孩子安全、有人照看的情况下，父母可以离开他一会儿，到别的房间去冷静一下。如果只有你和孩子两个人，你没办法走开，就做深呼吸，直到感觉自己的心跳重新变得平缓，再开口讲话。让自己平静下来，不要让你的情绪影响自己的行为，否则只会让冲突变得更厉害。这可以运用成人情绪管理的第一步，面对、理解和接纳自己的情绪。

克制自己想要教训孩子，或者让步妥协的冲动

父母常常以为教训孩子，就能让孩子反思自己“干的好事”，其实孩子被教训之后如果真能消停几天，通常是因为害怕，而不是明白他到底哪里做错了。过不了多久，他就会再犯同样的错误。而且，他还会无师自通，找到逃避惩罚的方法，最常见的就是撒谎。

而让步妥协的父母，通常是希望尽快把这个冲突解决掉，还常常会在妥协之后加上一句“最后一次，下次就不行了”，这根本就是自欺欺人。孩子一旦发现哭闹发脾气就能达到目的，他就会一而再、再而三地使用这招，哭闹得一次比一次厉害，不达目的不罢休。

所以，当你平静下来之后，不要张口就教训孩子，更不要为了息事宁人而妥协让步。

<< 第二阶段　处理孩子的情绪

根据需要把孩子带离冲突现场

假如孩子因为父母禁止他玩危险的东西而哭闹，或者因为父母不满足他想买玩具的要求，而在商场地上打滚儿，先别急着和孩子讲道理，抱起孩子，把他带到一个安全又没其他人的地方，比如另一个房间，或你们的车里。这样做一是为了保护孩子的安全，二是为了保护孩子的自尊心。孩子虽然小，但他也有自尊心，也爱面子。当着别人的面教训孩子，孩子的自尊心被伤害，大部分孩子不会变得乖乖的，他会更生气，会放声大哭，引来旁观者的围观和议论不说，你也会更难收场。

给孩子时间发泄情绪，让他感觉好起来

这个时候孩子会大哭大叫，甚至有些孩子会躺在地上，有些孩子还会打人。在保证孩子安全的情况下，让孩子把情绪都释放出来，这会需要一些时间，有的孩子需要几分钟，有的孩子会需要半小时到一小时，这非常考验父母的耐心。

让孩子发泄情绪有两个原则：第一，不要让孩子伤害自己；第二，不要让孩子伤害别人和环境。当孩子伤害自己、别人或环境时，父母要温柔而有力地控制住孩子。很多父母急于用讲道理的方式让孩子平静下来，很遗憾，这种方法在这个阶段没有任何正面作用，唯一的作用只能是激怒你自己，因为当你说了那么多话，孩子依然没有改变，只能带给你挫败感。父母被激怒以后，矛盾的级别又会升高。所以，这个时候，自己保持平静，给孩子时间让他学着处理自己的情绪。

对3岁以下的孩子，父母要尽量安抚他，抱抱、抚摸、放一首轻柔的音乐都是不错的方法。父母可以陪在孩子身边，直到他不再哭为止，也可以在保证安全的情况下，让孩子自己待一会儿，做冷处理。没有了观众，孩子也就觉得哭闹没劲儿了。

对3岁以上的孩子，父母可以使用积极暂停的方法，你可以告诉他："妈妈很愿意和你聊聊，但需要等你情绪好起来之后。现在你愿意去你的小帐篷、小床里待一会儿，或者去画画、穿珠子，做点儿你喜欢的事吗？看看这些事情能不能让你感觉好一点儿。等你不哭了，可以随时来找妈妈。"如果孩子真地主动来找你了，记得要给他一个拥抱。这会让你和孩子的感觉都好起来。注意，这样做的目的是让孩子感觉好起来，所以，不能用关小黑屋、墙角罚站之类的方式让孩子去冷静。

在让孩子发泄情绪的过程中，父母也可以根据孩子情绪的变化适时地给孩子台阶。当孩子的情绪开始缓和了，一句适时的"妈妈抱抱"会让孩子更快地平静下来。

接纳孩子的情绪，让孩子知道你能理解他

所谓接纳，就是父母要承认此时此刻孩子正在发脾气，如果孩子发脾气父母非常烦恼、有失败感或者有挫败感，就不是接纳的状态，接纳能让父母以同理心去理解孩子的处境和情绪。

具体的做法是，父母可以抱着孩子，拍拍孩子的肩膀，或者拉着孩子的手，说："妈妈知道，你想看动画片，不让你看，你很生气。""爸爸知道，你还想玩儿，可是现在要睡觉了。"从这些话中，孩子会知道父母能理解他，这有助于缓解孩子的情绪。根据孩子的情况，发泄情绪和接纳孩子的情绪可以同时进行，也可以先后进行。

到这个时候，孩子的情绪已经平静了，而大多数父母也会觉得处理过程到此结束了，孩子已经不哭了嘛。但是，如果就此结束，会进入一个循环：孩子发脾气，家长安抚；下一次，孩子依旧发脾气，家长继续安抚，而孩子发脾气的情况改变不大。所以，接下来的回顾阶段就非常重要。

<< 第三阶段　回顾发脾气的过程

讨论刚才发生的事情，命名情绪状态

等孩子情绪完全平静下来了，父母一定要和孩子讨论一下，刚才发生了什么，比如孩子想看动画片，而妈妈让他关上电视去睡觉，孩子生气了。这个时候，父母要引导孩子描述当时的情绪状态，并且命名这种情绪："刚才宝宝生气了。"这种命名让孩子学会用语言描述他的情绪状态，识别并表达自己的情绪，这是孩子学习情绪管理的重要方法。

想出解决方案，约定规则

在此基础上，跟孩子讨论解决方案，再约定以后碰到类似的事情该怎么办。以看动画片为例，如果孩子在3岁以上，父母跟孩子商量每天看多长时间的动画片，做出约定。可以利用有限选择法，父母跟孩子说："咱们订个规则，每天可以看20分钟的动画片，你是希望晚饭前看呢，还是晚饭后看呢？"这样，不管孩子选择晚饭前看还是晚饭后看，都是看20分钟，有效地控制了孩子看电视的时间，但是孩子有参与感，更容易执行。

其他的类似去超市可以买几包零食、到游乐场可以玩儿多长时间，这些经常遇到的事情，都可以和孩子约定好规则。这样，孩子发脾气的机会就少了很多。

对刚才的事情做出弥补

如果孩子在刚才发脾气的时候搞了什么破坏，父母要和他一起来想办法弥补。比如孩子把玩具丢了一地，和他一起捡起来；孩子把书撕坏了，和他一起粘起来；孩子对别人大声嚷嚷，甚至打人了，要向别人道歉。让孩子为自己做得不对的事情承担结果，做出弥补，能够更好地培养他的责任感。

经历了以上的处理父母的情绪、处理孩子的情绪和回顾发脾气的过程完整的三个阶段，孩子会在认识自己的情绪、管理自己情绪的方法等方面积累一些经验，在不断的学习和练习中，逐渐学会解决问题的方法。

3分钟练习

在孩子发脾气的时候，把这三个阶段完整地运用一遍，很多父母只重视第二阶段，忽略了第一阶段和第三阶段。

让孩子多体验积极愉快的情绪

我们习惯于关注孩子的负面情绪，关注孩子的行为问题，而忽略了在大多数时间里，他们都是阳光灿烂的小天使。在日常生活中，让孩子多体验积极愉快的情绪，有助于减少孩子的负面情绪和行为。哪些事情可以让孩子体验到积极愉快的情绪呢?

<< 父母无条件的爱和接纳

根据心理学家阿德勒的观点，归属感和价值感是每个人追求的目标。从出生到2岁，是亲子关系的敏感期，父母首要的任务是建立孩子的安全感，而来自父母无条件的爱和接纳，会让孩子感受到安全和舒适。

很多人对无条件的爱有误解，以为就是要接受孩子所有的行为，不管是好的还是坏的。很多育儿专家和心理学家矫枉过正，把无条件的爱变成无原则的迁就，变成了溺爱，有些父母甚至因为“无条件的爱”这个词，不敢管教孩子。

维基百科对无条件的爱的定义是the love has no bounds and is unchanging，指的是没有边界、不会改变的爱，通常指父母对孩子的爱。也就是说，不管孩子考试考了多少分，生活发生了什么改变，不管是不是争吵过，我依然爱你，我的爱不会发生改变。

每对父母都对孩子有所期望，有的期望孩子聪明，有的期望孩子乖巧，有的期望孩子外向，有的期望孩子豁达。当孩子与自己的期望不相符时，父母往往就有落差，只有孩子表现出跟自己期望匹配的样子，父母才会去认同。这是有条件的爱和接纳：你符合我的期望和想法，我才会爱你。

用一句话总结无条件的爱：我爱你，不是因为你做了什么，而是因为你是我的孩子。我不会因为你抢别人的玩具就不爱你，但是我不喜欢，也不允许你抢别人的玩具。父母平时要多用语言和行为表达对孩子的爱，并且让孩子感受到这些爱。

<< 有意识地引导孩子感受生活中的乐趣

我们的大脑里有一种神经细胞，叫作镜像神经细胞。它们会指挥你模仿对方的行为，就好像照镜子时，镜子里的人和你做着同样的动作。孩子看到父母发脾气时一脸可怕的表情，听到父母咆哮的声音，他的镜像神经细胞就会让他学着父母的样子大叫、发脾气。如果父母轻松愉快、笑意盎然，孩子的镜像神经细胞也会让他学着这样的表情。

一位找我咨询的妈妈说，她女儿动不动就会烦，奶奶不陪她画画，她很烦；妈妈没有及时回应，她就闹；总是感觉很别扭。通过跟妈妈的聊天我了解到，妈妈是一个经常有负面情绪的人，在家里时常抱怨她遇到的事情，比如："气死我了，今天坐车的时候有人踩了我一脚，也不跟我道歉！""今天的工作真烦，那么多表格要确认。"在妈妈的话语中，孩子感受到人是不友好的，工作很烦。

如果妈妈经常说："宝宝，我回家的时候看见咱们小区的花开了，特别漂亮，明天我带你去看看吧！""今天，办公室的苏苏阿姨带了豆腐干，是她出差买的，特别好吃。"从这些话里，孩子感受到的是景色很美，人很善良。

不同的感受，不同的表达，给孩子带来的影响不一样。在日常生活中，有意识地引导孩子感受美好和快乐，能给孩子的性格培养打下良好的基础。类似“爸爸带你踢球了，好棒啊！”“今天奶奶做的饭，真好吃！”“咱们今天读的这本书，真有意思啊！”这些生活中不经意的小事，都会成为小确幸，会给孩子带来快乐的感受，而孩子也会变得更加乐观、平和。

在哈佛大学有一门特别受欢迎的课程，叫“积极心理学”，里面提到了一个观点：人生的幸福值与商业一样，也有盈利和亏损。如果我们把负面情绪当作支出，把正面情绪当作收入，那么，当负面情绪多于正面情绪时，我们的幸福值是亏损的，当正面情绪多于负面情绪时，我们的幸福值就盈利了。所以，父母要从自己开始，重视积极愉快的体验，多积累正面情绪，让自己活得更开心，这样也给孩子的幸福储蓄卡上多储存了一些幸福。

3分钟练习

有意识地关注生活中积极的方面，包括自己、家庭、孩子和工作等，这有助于增加积极情绪的数量，积极情绪多了，消极情绪自然就减少了。

CHAPTER 7

社交力：因材施教，找准社交培养重点

社会交往是实践的科学，孩子需要实际的学习和练习，没有其他捷径。父母一旦认识到这一点，心态就会变得平和而积极，这正是梯子型亲子关系中父母对孩子的支持部分。

父母要给孩子充分的时间，引导孩子站在别人的立场上考虑问题，学会解决问题的方法，耐心地教会孩子社交技巧，并不断鼓励孩子的每一点儿进步。

导读

近几年，父母的教育观念发生了很大的改变，其中一项是非常重视孩子社交能力的培养。在我的现场讲座中，经常被问到的一个问题是“我家孩子不会交往怎么办”，应各个平台的邀请，我在线上讲过很多次培养孩子社交能力的课程，还参加过不同电视台社交主题的节目录制。

社交能力确实很重要，它的重要性体现在两个方面：一方面，在生活、学习和工作中，与人相处是必须具备的能力；另一方面，人际关系直接影响到一个人是否幸福。

孩子出生后，就开始了社会化的过程，2个月大的宝宝就会跟成人咿咿呀呀地回应；半岁左右，孩子开始区分熟悉的人和陌生人，对人“区别对待”；2岁前，孩子主要的成长任务是建立与主要抚养者的依恋关系；2岁以后，孩子产生了与同龄伙伴社交的需求，喜欢与小伙伴一起玩耍，同伴关系开始萌芽发展；到了青春期，同伴关系超过了亲子关系，朋友是最重要的，父母的话变得不太管用了。

社会化的过程体现了孩子人际关系发展的规律：从亲子关系到同伴关系，这两种关系都是学龄前孩子重要的人际关系，前者是与父母的关系，后者是与朋友的关系。而亲子关系是培养孩子社交能力的重要基础。

健康的亲子关系是培养社交能力的基础

嘉明的妈妈是在一次讲座现场找到我的。她是一家银行的经理，打扮很得体，看上去非常精干。她一见到我就不停地抱怨她的儿子特别不合群，她说，上小班的嘉明基本上都是一个人玩儿，独来独往，几乎没有朋友。当时，嘉明的妈妈在会场主席台的下面向我咨询，嘉明坐在会场后面的一把椅子上，自己玩手机。大多数3岁多的孩子，在陌生的环境会特别关注父母的去向，有些孩子甚至直接抱着大人的腿，一步不离地跟着大人。但是嘉明没有这些表现，妈妈在哪儿他并不关注，只是关注手里的手机。

我详细地询问了嘉明的成长过程：妈妈在休完产假后，为了不影响工作，就把嘉明送到了姥姥家，嘉明和妈妈之间并没有形成很亲密的关系。姥姥对嘉明的衣食起居照顾得很周到，但是情感交流少，再加上嘉明是个比较安静的孩子，得到的关注也比较少。嘉明把与父母和姥姥的交往模式，沿用到了同伴交往中，他很少跟别人互动，虽然有时候也很想加入别人的游戏，但是由于自己胆子小不敢主动说话提要求。

这个案例深刻地说明了亲子关系对孩子社交能力所产生的影响。

<< 非安全型依恋的孩子容易出现行为问题

在亲子关系中，最重要的是亲子依恋。美国心理学家安斯沃斯认为，孩子和妈妈的依恋有四种类型：安全型、回避型、反抗型和混乱型，关于这四种依恋类型，在第2章有过详细的介绍。

回避型、反抗型和混乱型依恋，都被称为非安全型依恋。非安全型依恋的孩子的一些不良人格特征和行为模式，预示着他们在人际交往中可能存在的困难。有研究表明，孩子1岁时的非安全型依恋与6岁时的适应不良和行为问题有联系。在非安全依恋类型中，反抗型孩子在以后的发展中，很容易表现出攻击性行为；而回避型孩子则更容易表现出退缩行为，这类孩子胆小、不主动与别人交往，缺乏与别人的合作。上文案例中嘉明的特点正符合回避型依恋风格的行为特征。

还有研究表明，非安全型依恋的1岁孩子，当他们长到20岁左右的时候，在解决自己与恋人之间严重的感情冲突时，会体验到更多的负面情绪，而安全型依恋的1岁孩子，他们进入成年期之后，能够从与恋人之间的严重冲突中更加迅速地复原。因此，父母在培养孩子社交能力的时候，不能忽视亲子关系的培养和亲子依恋的建立。

<< 安全型依恋的孩子具有更好的社交技能

研究表明，安全型依恋的孩子具有更强的社会适应能力和社交技能，他们有更多的朋友，对父母有信赖感，父母与别人交往的行为会成为他们的榜样，他们在与父母的交往中，能学到许多行为规则和交往技巧。安全型依恋让孩子有自我肯定感，有助于孩子与别人交往，掌握交往的经验和技巧。同时，孩子也乐意接受父母对自己在社交方面的指导，积累成功的社交经验，掌握社交技巧。

安全型依恋的孩子具有合作、友善、自信、信任他人等健全的人格特征，更有可能受到别人的喜爱而形成良好的人际关系。安全型亲子依恋是培养孩子社交能力的重要基础。

3分钟思考

你的孩子的社交能力在哪些方面受到了亲子关系的影响？

社交中四种不同类型的孩子

不同的孩子对社交的态度不一样，社交行为也不一样。根据孩子跟小朋友交往的情况，可以将孩子分为受欢迎型、被拒绝型、被忽视型和一般型四种。

受欢迎型的孩子喜欢与人交往，社交能力强，在交往中积极主动，并表现出友好、积极的交往行为，所以，被大多数同伴接纳和喜爱。他们在同伴中的社交地位较高，具有较强的影响力。

被拒绝型的孩子在交往中也很活跃主动，他们喜欢交往，但常常由于缺乏合适的社交技能和社交策略，喜欢采用一些不友好的交往方式，比如强行加入其他小朋友的活动、抢玩具、大声喊叫、推挤别人，攻击性行为较多，友好行为较少，因此，被大多数同伴拒绝、排斥，关系紧张，在同伴中的社交地位低。

被忽视型孩子最明显的特征就是不喜欢交往，常常独处或自己一个人活动，在交往中容易表现得退缩或畏缩，交往态度是消极拘谨的，他们对同伴既很少有友好、合作行为，也很少有不友好、侵犯性行为，因此，没有多少同伴喜欢他们，也没有多少同伴讨厌他们，这类孩子实际上是被同伴忽视和冷落的，很少被同伴提到，在同伴交往中没有什么地位。

一般型孩子在同伴交往中的集中表现是“一般”，既不是特别主动友好，也不是特别不主动不友好，交往的主动性、友好性和社交策略都是一般，社交地位一般，被一部分同伴喜欢、接受，同时也被另外一些同伴排斥和拒绝。

我用上文案例嘉明妈妈说的一个场景，来分析嘉明幼儿园班级里几个小朋友的社交类型。

一天早饭过后，几个小朋友在班里的建构区玩玩具，嘉明还是像往常一样，在角落里自己搭积木。轩轩跟璐璐一起搭积木，轩轩对璐璐说："咱们搭个大高楼吧！"璐璐高兴地说："好呀，我家就住大高楼！"他们两个一边聊天一边搭高楼，你放一块积木我放一块积木，玩儿得特别高兴。

雨晨来晚了，他放下书包洗完手以后，就奔着建构区来了，一边跑一边说："我喜欢搭高楼！"到了建构区，雨晨一把推开璐璐："我来搭！"璐璐被雨晨推了很不高兴，哇地就哭了。轩轩对雨晨说："你不能推人！"

这时，老师听到璐璐的哭声，过来问："发生什么事情了？"轩轩和老师说："我跟璐璐在搭积木，雨晨推了璐璐。"老师看着雨晨，雨晨嘴里嘟嘟囔囔地说："我想搭积木嘛。"在这个过程中，嘉明一直在角落里，静静地看着，没有参与，也没有说话。

嘉明是被忽视型，轩轩是受欢迎型，雨晨是被拒绝型，璐璐的表现比较少，不太容易判断，很大可能是一般型。

3分钟思考

你家孩子在社交中是什么类型？他的优点和缺点各是什么？

被忽视型孩子的社交培养重点

上文案例中的嘉明是被忽视型孩子的典型代表，这类孩子最明显的特征是不喜欢交往，喜欢一个人活动，对待社交的态度消极。这类孩子的培养重点是提高他们对于社交的兴趣，让他们从社交中得到快乐。下面是我给嘉明妈妈的建议。

<< 选择性格温和的伙伴和活动

被忽视的孩子通常比较胆小，害怕发生冲突，缺乏解决问题的能力，所以会有意无意地回避社交。

给这样的孩子选择伙伴时，父母要有意识地找一些性格温和的小朋友，这些孩子说话声音小，动作比较轻，能给被忽视型的孩子带来安全感。在选择活动的时候，也要选一些没有身体冲撞、竞争不激烈的合作活动，比如扔接球的游戏——一个人扔一个人接，过家家游戏——一个人扮演医生，一个人扮演病人，这样的活动一个人不能做，既可以让孩子体会到社交的乐趣，又很少会发生不愉快的事情。

<< 耐心地给孩子提供锻炼的机会

胆小的孩子需要更多的机会去锻炼社交能力，但是在与别人交往的过程中，他们胆怯退缩，这就需要父母更多的支持和鼓励。

我对嘉明妈妈强调，她要保持耐心，要持续不断地鼓励和助推，因为胆小的孩子在社交方面给父母带来的成就感很少，甚至催促过很多次、鼓励过很多次，孩子只有特别小的进步，这很容易让父母丧失信心，所以，父母的耐心非常重要。

这些锻炼机会对胆小的孩子非常重要，只有持续不断地练习，才会减少他们对社交的恐惧。很多个微小的改变，才可能促成很大的进步。

我女儿在2岁多的时候，表现得极度认生和胆小，我每天都带她出去找人玩儿，锻炼社交能力，但是在1个月内，她几乎没有任何变化，3个月后我能看到她的一些进步了，而明显的改观是在半年后。这真的是极其考验父母的耐心，要知道，坚持在任何时候都不容易。

<< 不要强迫被忽视型孩子社交

被忽视的孩子通常是内向的，不喜欢大量的社交，被强迫社交只能引发他们更严重的逃避行为，要让他们保持社交和独处的平衡。社交是一种能力，独处也是一种能力。

很多父母都有一个愿望，希望自己的孩子特别外向，活泼开朗，能说会道，因为大家觉得在这个竞争激烈的社会，外向的孩子善于表现自己，更容易成功。

内向和外向的评判，主要是看一个人从哪里获得能量，如果是通过跟人打交道或者接触新环境来摄取能量，从社交中获得能量，那这个人就是外向的；内向的人是从独处中恢复能量。内向的人不是不善交际，只是交际会让他们感觉到累。其实，很多名人都是内向的，我们熟知的圣雄甘地把自己描述为安静的、说话温和的，甚至是害羞的一类人。

有时候内向的人给人行动力差的感觉，是因为他们想得太多，在新环境中会显得退缩。但是，内向的孩子有自己的优点：想象力丰富，思想有深度，记忆力好，更专注等。其实，孩子的机会并不取决于他是内向还是外向，而是取决于他的能力。内向的孩子同样可以从事需要交往和出面的工作，他们可以应付有复杂要求的高速度任务。就像我，虽然有大量的演讲、培训和节目录制工作，但依然是一个内向的人。

所以，不要再纠结孩子是内向的还是外向的，这只是一种气质类型；也不要强迫你家的内向孩子变成外向，而是要培养他的表达能力、社交能力和适应能力。

社交能力的培养是一个长期的过程，需要父母耐心地为孩子创造社交机会，多接触不同的环境和人，帮助孩子增长经验，对于胆小的孩子来讲，尤为重要。

3分钟练习

耐心地对待被忽视型的孩子，鼓励和助推能让他们不断进步。

被拒绝型孩子的社交培养重点

上文案例中的雨晨是被拒绝型孩子的典型代表，这类孩子的问题是缺乏适宜的社交技能和社交策略，交往的方式不够友好，造成人际关系紧张。所以，培养的重点是让他们学会社交技能和社交策略。

<< 培养社交的基本技能——表达能力

很多被拒绝型孩子表达能力弱，不能用语言表达自己的想法和需求，就直接抢玩具、推别人或者挤进去，因此不受小朋友的欢迎。所以父母要找各种机会锻炼孩子的表达能力，让孩子学着用语言表达自己的想法和需求。通常的说法有“我能跟你们一起玩儿吗？”“我们做朋友好吗？”“我喜欢你的玩具，我们能交换吗？”“我可以玩你的玩具吗？”

父母在日常生活中要注意引导孩子应用这些话。比如，当孩子出去玩儿，看上了别人的玩具，父母就可以引导孩子说：“我可以玩你的玩具吗？”或者“我们能交换玩具玩儿吗？”如果孩子想加入别人的游戏，父母可以引导孩子这样询问：“我能跟你们一起玩儿吗？”而不是直接冲进去。经过这样几次练习，大多数孩子就可以运用这样的语言去交往了。

在这个过程中，父母要注意引导孩子使用礼貌用语，比如“请”“谢谢”“对不起”等。如果孩子没有用语言交往而是直接抢或者推别人，那父母要坚定地让孩子承担自己行为的结果——把玩具还回去，向别人道歉，重新用友好的方式交往，否则只能自己玩儿。

<< 培养社交的高级技能——同理心

被拒绝的孩子往往只会考虑自己的需求，不能考虑别人的需求，缺乏同理心。简单地讲，同理心是能够站在别人的角度上思考。父母要在生活中利用各种时机引导孩子换位思考："你刚才推妈妈，妈妈会疼吗？会难过吗？如果妈妈推你，你会疼吗？会难过吗？""你想要这个玩具可以，但是你打明明，明明会很疼。如果别人这样打你，你愿意吗？"生活中的这些场景和对话，会引导孩子逐渐学习站在别人的角度上去思考问题。

父母和孩子看绘本讲故事的时候，看到小动物不高兴，可以问孩子："小动物为什么不高兴？你怎么做可以让小动物高兴起来呢？""刚才小猫跟小兔子说了什么？你觉得这样说好吗？"这些都可以让孩子去学习换位思考。

情境扮演是培养同理心非常好的途径。情境扮演可以玩儿出很多花样，当扮演抢东西的场景时，妈妈可以扮演抢玩具的人，让孩子深刻地体验到被抢被欺负的心情。让孩子扮演多种角色，能体验不同人物的内心世界，提高孩子体会其他人感受的能力。父母还需要在日常生活中培养孩子对别人情绪变化的观察能力。碰到爸爸不高兴的情景，妈妈可以跟孩子说："看你爸爸皱着眉头，好像有点儿不高兴。你觉得会是什么原因呢？"平时父母把自己观察到的告诉孩子，孩子也会学着观察别人的情绪变化。时间久了，孩子便具备了同理心，这对人际关系的形成和交往能力的提升都大有帮助。

<< 教会孩子解决问题的社交策略

被拒绝的孩子在社交中，通常用推、打、抢、大声喊叫等方法达到自己的目的，这些不友好的行为是他们不受欢迎的重要原因。而受欢迎孩子常用的社交策略，有遵守规则、帮助别人、交换物品、安慰同伴、有礼貌地谈话、商量解决方案、做出让步等。如果被拒绝的孩子学会这些社交策略，他们的问题就会解决很多。

教会孩子解决问题的最好时机是孩子出现社交问题、情绪平静下来之后，这时候父母要跟孩子讨论怎么用合理的方式达到自己的目的。以孩子抢玩具为例，父母可以跟孩子说："不打人、用友好的办法也能拿到这个玩具，咱们讨论一下吧！"如果孩子提出一个方法，父母要表示肯定："对，可以友好地问一下：'能不能让我玩儿一会儿？'""用自己的东西去交换，这也是很好的解决方法。"同时要求孩子，下一次再遇到这样的情况时，要用友好的方法去解决。

父母还可以跟孩子讨论，做哪些事情别人会更喜欢他，这样的讨论要以同理心开始："我知道，你特别想和小朋友一起玩儿，但是他们躲着你，你也很伤心。我们想一想，用什么样的办法，别人喜欢跟你玩儿呢？"要引导孩子表达出他可以帮助小朋友，帮他们拿书包、拿衣服；有小朋友不高兴的时候，去安慰他；制订了规则以后要遵守；要轮流玩儿，不插队等。

在孩子有进步以后，父母别忘了要积极地鼓励表扬，用我在第9章中讲到的行为性赞扬的方法："你帮小朋友拿书包，真是个喜欢帮助别人的好孩子。""你这次遵守轮流玩滑梯的规则，好棒呢。"在这样的鼓励下，父母会发现孩子的友好行为会越来越多。

<< 不要让孩子通过不正当的行为得到好处

有些孩子欺负人是为了达到自己的目的，比如推开别人插队到第一个，这样自己马上就可以滑滑梯了；看到别人有好玩具，直接打一下再抢过来，这样自己就能玩儿了；有的时候做恶作剧，把别人的东西扔了，看着被欺负的人伤心的样子，哈哈大笑。

如果这时候父母只是批评教育一番，跟孩子说“欺负人不对，你要向别人道歉”，那孩子会得到这样的信息：“我推别人，自己滑了滑梯，如果没有被发现就太好啦；如果被发现受到批评了，我就认个错道个歉。但是，我滑了滑梯呀，推人这件事情值！推人能马上滑滑梯，下次接着推！”

这样的处理方式，因为没有触及孩子推人带来的好处——马上滑了滑梯，所以对改正孩子的推人行为没有什么作用。如果父母发现孩子推人，直接让孩子下来，同时让他知道玩滑梯就要去后面排队，一个滑完了另一个才能滑，孩子会得到这样的信息：“推人没有用，滑不到滑梯，排队能滑到滑梯。”那下次孩子更有可能去排队，而不是推别人。如果孩子的行为特别恶劣，父母可以考虑让他在一小时内不能玩滑梯，这样孩子得到的信息是“推人会玩不到滑梯”，几次以后，孩子推人的行为就会减少了。

同样的道理，抢了别人玩具，那就要还回去，同时要道歉。如果只道歉，不还回去，下次孩子还会继续抢。

简单概括一下，不要让孩子通过不正当的行为得到好处，如果已经得到了好处，就还回去，这样可以切断大脑中已经形成的连接，改正孩子的不良行为。几次之后，孩子就会采用正当的行为了。这不仅适用于被拒绝的孩子，对所有孩子的不正当行为都适用。这是改正不良行为的最重要的方法，远比说教有效。

3分钟练习

把上面讲到的四大方法马上用起来吧！

正确对待孩子的攻击性行为

攻击性行为通常指打人、推人、骂人、抢玩具等这类行为，是被拒绝孩子常用的方法。孩子的攻击性行为从1岁多就开始了，当孩子有自己的需求，而又不能用语言表达的时候，通常就会直接上手。北京师范大学陈帼眉教授在《学前心理学》中提到，攻击性行为从目的看，分为工具性攻击和敌意性攻击两种。

<< 工具性攻击

工具性攻击是把攻击当作工具使用，目的不是伤害别人，而是借助武力，通过打、推、咬等行为达到自己的目的。上文中提到的雨晨推璐璐就是工具性攻击，抢别人玩具也是工具性攻击。1～6岁，孩子表现出的侵犯行为大多数是工具性的，主要是因为争夺玩具、材料和游戏场地而发生的，孩子可能因为别人玩他的玩具而打人，也可能因为别人离他搭的积木太近而推别人，这种侵犯行为在6岁前达到了顶峰，以后会逐渐减少。因为他们逐渐能够理解，协商的办法与他们之前用到的武力的办法相比，是痛苦相对较少的，而且能更有效地达到目标。

要减少孩子的工具性攻击行为，需要让孩子学会有效的社交能力和社交策略，学会协商、制订并遵守规则、友好地相处。具体的方法，参考前面讲过的被拒绝型孩子的社交培养重点。

<< 敌意性攻击

敌意性攻击的目的就是要对别人的身体或精神造成打击、伤害，比如殴打、辱骂、讽刺等，这样的伤害性行为是有意的。从六七岁开始，孩子的敌意性攻击逐渐增多，不仅是通过行为，语言攻击也逐渐增多。校园霸凌就是典型的敌意性攻击。

减少孩子的敌意性攻击，父母首先要让孩子了解这个世界是多元的，不同的人、不同的想法和不同的行为都是正常存在的。这样孩子才能学会宽容，接受与自己不一样的行为。另外还要培养孩子的是非观念，让孩子知道哪些行为是对的，哪些行为是不对的，攻击性行为是不能被父母接受的行为。

总结一下，不管是工具性攻击还是敌意性攻击，让孩子接受自己不正当行为的结果，是减少这类行为非常重要的方法。具体的做法是这样的：当孩子抢了别人的东西，父母一定要让孩子还回去；当孩子欺负了别人，父母一定要让孩子去道歉，做出弥补，并根据事情的严重程度做出惩罚，这种惩罚可以是不让他参加自己喜欢的活动，剥夺他最喜欢的东西等。只要父母坚持使用这样的方法，并配合适时的鼓励和赞扬，孩子的攻击性行为会逐渐减少。

3分钟练习

用正确的方法对待孩子的攻击性行为，不能让孩子的不正当行为得逞。

优势和长项是决定孩子社交地位的重要因素

关于社交，我有一个重要的观点，那就是孩子的优势和长项是决定孩子社交地位的重要因素，虽然良好的表达能力、同理心以及解决问题的能力都很重要。

在我指导过的一个幼儿园里，有两个孩子给我留下了非常深刻的印象，其中一个是媛媛。媛媛是个5岁的女孩，媛媛的妈妈从小就教育她要跟别人好好相处，不要吵架，不要打架。媛媛是个听话的孩子，基本上按照妈妈的要求去做，所以，她几乎没有跟人大声说过话，总是一副好脾气的样子。对于玩什么游戏、做什么事情，媛媛自己没有特别的想法，大家玩什么她就玩什么。

媛媛看上去人缘真的很好，跟别人没有什么冲突。但是，做游戏的时候，如果两个人一组，她经常是和最后剩下的那个小朋友一起，没有人第一个就会选她。

另外一个小朋友是同班的石头，石头是个偏内向的孩子，不到5岁，平时话不多。但是，很多孩子非常喜欢他，因为石头有个绝活儿，他能用积木搭出特别复杂的高楼和桥梁。班里不少的孩子在自由活动的时候会主动找石头，要求一起去搭积木，因为跟石头搭积木特别有成就感，最后完成的作品肯定吸引眼球。

石头有很多好朋友，这些朋友都有一个共同的特点：喜欢搭积木。在户外活动的时候，他们也在一起跑跑跳跳，做游戏，玩儿得很高兴。石头不爱说话，但这并不影响他受欢迎的程度。石头用他自身的优势赢得了朋友，赢得了友谊。

人在社交中的地位，跟自己的优势是分不开的。当你有自己的优势，有自己的长项，自然有人欣赏，自然受欢迎。我要提醒各位父母，培养孩子的社交能力固然重要，但不要为了关系去讨好别人，放弃自我去迎合别人的做法对社交并没有帮助。

正确的做法是发现孩子独特的优势和价值。俗话说，龙生九子，各有不同。人和人更是不相同。每个孩子都有自己的优势，内向的孩子专注力好，外向的孩子表达能力好，敏感的孩子观察力好，倔强的孩子勇敢能坚持，胆小的孩子更细心、更能保护自己，这些都是孩子的优势。当父母把关注点放在孩子的优势上时，亲子关系也会好转。

但是在很多父母眼里，优秀的标准就是一个，所以会一门心思把孩子拽到自己认为优秀的道路上，但这样会让整个家庭苦不堪言。父母最需要做的事情，并不是努力去改正孩子的缺点，而是要竭尽全力挖掘孩子的优点，然后创造条件培养。父母要观察孩子的优势和长项，孩子的优势有可能是比较明显的能力，比如语言能力强，也可能是很细节的表现，比如对色彩很敏感。在此基础上，父母通过创设环境、不断鼓励、行为性赞扬，巩固发展孩子的优势。具体的方法，我在第1章已经详细讲述过。

3分钟思考

你的孩子的优势是什么？你准备怎么发扬孩子的优势？

如何避免孩子形成讨好型人格

在培养孩子社交能力的时候，父母还要避免另外一种倾向，那就是让孩子为了得到别人的喜爱，只考虑别人的感受，忽视自己的感受，形成讨好型人格。

<< 讨好型人格的特点

◆ 非常敏感，擅长察觉别人的感受。同理心是能觉察别人的情绪和需求，而讨好型人格已经在察觉别人的感受方面超过了正常的范围。

◆ 非常在意别人对自己的评价，过分追求别人对自己的认可和喜欢，对自己没有自信。

◆ 害怕发生冲突，不敢表达自己的想法和观点，怕被拒绝。

前面讲过的媛媛，就有讨好型人格的倾向。她没有自己的想法，不跟别人发生冲突，有人来找她做游戏，她表现得非常高兴，看起来跟每个小朋友关系都很好，但并没有好朋友。

<< 如何避免培养讨好型人格

媛媛为什么会有这样的特点？来看看她的父母是怎么做的。媛媛的妈妈对她有很多的要求，不能跟别人吵架，不能跟别人打架，简单来说，就是不能发生冲突。嫒嫒能做什么，不能做什么，父母的控制很多，嫒嫒做事情要看父母的眼色，做完以后要看父母的评价。

绳子型亲子关系中的父母容易培养讨好型人格的孩子，就像嫒嫒的父母。这类父母要求孩子按照父母的规划来发展，孩子的所作所为都要符合父母的意愿，如果出现了偏差，孩子就会被斥责。孩子要用各种方式来符合父母的期望，讨父母欢心。父母对孩子的爱是有条件的，孩子符合父母的期望，才能感受到父母的爱。

避免让孩子形成讨好型人格，父母就不要把自己的愿望和标准都当作圣旨，要学习给孩子无条件的爱，鼓励孩子按照自己的想法和意愿做事，尊重孩子的优势和长项。如果父母喜欢控制孩子，那就要有意识地提醒自己放手，在一定范围内让孩子按照自己的意愿做事，孩子有可能会把事情搞砸，但这是他尝试自己力量的重要途径。

3分钟练习

从现在开始，给孩子留出空间，让他努力尝试。

CHAPTER 8

自控力：从培养良好的习惯开始

培养自控力，就是要学会驾驭“我要做”“我不要”和“我想要”三种力量，养成好习惯，改掉坏习惯，建立起长远的目标，这对大人和孩子都是一样的。培养自控力最直接的方法就是形成良好的习惯，习惯形成后，行为就可以变成自动自发了，运用起来毫不费力。

当一个人具有了自控力，才能更好地应对生活中的压力、处理冲突和人际关系，在学习和事业中才会更加成功。

导读

规律的生活是身体健康的重要保证，但是保持规律的生活，对现代人不是一件容易的事情，这需要较强的自控力。

我第一次在针对家长的讲座中提到“自控力”的时候，父母都觉得奇怪，这么小的孩子需要培养自控力吗？这不是成年人应该做的事情吗？其实，自控力在孩子的生活中无处不在，孩子能忍着不吃那么多糖，能关上电视去洗澡，能在规定的时间上床睡觉，就是在培养自控力。

培养自控力，从好习惯着手是最容易的方法。一旦把孩子需要做的事情变成习惯，就像我们每天早上都要刷牙一样，就变得简单了。另外一个有效的方法是给孩子建立必要的规则，在遵守规则的过程中，孩子需要了解行为的边界，控制自己的行为。而规律的生活兼具好习惯和规则的重要特点，是培养自控力的重要方式。

自控力所驾驭的三种力量

根据斯坦福大学教授凯利·麦格尼格尔的研究，在我们的大脑中，存在着三种力量：第一种力量是“我要做”，比如我要去上班，我要关上电视上床睡觉，我要好好地说话，不要发脾气；第二种力量是“我不要”，比如我不要买一堆东西，我不要再吃甜食，我不要再吼孩子；第三种力量是“我想要”，比如我想孩子成为“学霸”，我想家庭幸福美满，我想工作升职加薪。

自控力是由大脑的前额皮质负责的，前额皮质是位于额头和眼睛后面的神经区，分为三个区域，分管“我要做”“我不要”和“我想要”三种力量。

前额皮质的左边区域负责“我要做”的力量，它能帮你处理枯燥、困难或充满压力的工作，比如当你想看手机的时候，它会让你继续工作。

右边区域负责“我不要”的力量，它能帮你克制一时的冲动，当你想买一件昂贵的大衣时，它会提醒你如果买了这件大衣，这个月就只能“吃土”了。这两个区域共同控制你“做什么”。

第三个区域位于前额皮质中间靠下的位置，决定你“想要什么”，会记录下你的目标和欲望。这个区域的神经细胞活动越剧烈，你采取行动和拒绝诱惑的能力就越强。

研究证明，如果前额皮质受损，人的自控力也就不存在了。另外，醉酒、缺觉、分心等都会影响前额皮质的功能，使我们无法控制自己的冲动。

自控力的作用就是驾驭“我要做”“我不要”和“我想要”这三种力量。

它们协同努力，让我们变成更好的自己。能够很好地控制自己的注意力、情绪和行为的人，会活得更幸福，他们的生活更快乐，身体更健康，人际关系更和谐，恋情更长久，收入更高，事业也更成功，他们能更好地应对压力，解决冲突，战胜逆境，活得也更长。

在孩子的大脑中，“我要做”的力量非常强大，因为这可以直接满足孩子的需求，是孩子生存的必需。“我不要”的区域是跟恐惧有关的，比如当孩子看到陌生人，感受到威胁的时候，会本能地躲在家长后面，这是对自己的保护。而“我想要”是孩子的目标，需要综合运用“我要做”和“我不要”的力量。

在教育孩子的过程中，父母要学习综合运用这三种力量，为孩子建立规则，改掉孩子的坏习惯，培养孩子的好习惯。

3分钟思考

你大脑中的这三种力量都处在什么水平？

利用“我要做”的力量培养良好的习惯

美好的人生就是由各种好习惯组成的，包括按时吃饭的习惯、按时睡觉的习惯、按时起床的习惯、按时完成作业的习惯、吃蔬菜水果的习惯、做运动的习惯、讲卫生的习惯、讲礼貌的习惯等。习惯的养成跟大脑的运作规律有很大关系，大脑中有一个区域是奖励系统，利用奖励系统我们可以把自己期望的行为固定下来。接下来，以两个重要的习惯为例，来说明如何利用大脑中的奖励系统培养孩子的好习惯。

对于一个有刷牙习惯的成年人来讲，早上起床后，如果不刷牙，你会觉得很不舒服，但是，帮助一个3岁的孩子养成刷牙的习惯，可不是那么容易。

妞妞的妈妈为了培养妞妞刷牙的习惯可谓费尽心思。妞妞刷牙的时候，左捅一下，右捅一下，就是不能好好地把牙刷放在牙齿上。漱口的时候，她故意把水吐在水龙头上，吐在洗手盆外面，吐完了以后还嘎嘎大笑。妈妈被她弄得一点儿脾气也没有，说轻了，妞妞假装没听见；说重了，妞妞就开始哼哼唧唧地哭。

我跟妞妞的妈妈说，根据习惯养成的规律来看，如果希望孩子每天能好好刷牙，那就要把刷牙和让孩子感到高兴的事情联系起来。妞妞有一个特别喜欢的玩具皮卡丘，这是她最好的伙伴。那我们可以做个推理：如果妞妞的牙刷上有皮卡丘的图案，或者让皮卡丘陪着妞妞刷牙，那妞妞刷牙的积极性会提高很多。

第一个办法是，每次刷牙的时候，玩具皮卡丘在旁边陪着妞妞。在妞妞刷完牙以后，皮卡丘会表扬妞妞（妈妈可以模仿皮卡丘说话来表扬妞妞），说妞妞刷牙特别认真，上面下面里面外面都刷了。——这会提高妞妞刷牙的兴趣。

第二个办法是，把刷牙这件事情跟妞妞喜欢的其他事情联系起来。妞妞特别喜欢吃苹果，当她咬苹果的时候，妈妈就会说："妞妞刷牙特别认真，这样牙齿就特别厉害，吃苹果的时候，能够咬下一大块。"

这样，通过建立起刷牙与妞妞喜欢的事情之间的联系，妈妈成功地让妞妞喜欢上了刷牙。但是，很多父母会用斥责的方法："你怎么不好好刷牙？你再不好好刷牙，就别出去玩儿了。"这样的责备，会让孩子把刷牙和不良的体验联系在一起，只能让孩子对刷牙更加抵触，离认真刷牙的好习惯越来越远。

再举个例子，很多父母希望让孩子养成阅读的习惯，那就要把阅读与孩子感到高兴的事情联系起来。最直接的办法是买孩子感兴趣的书，如果孩子喜欢恐龙，就买恐龙题材的；如果孩子喜欢火车，就买火车题材的，这样的书容易吸引孩子的注意力。另外一个办法是，在孩子阅读的时候创造好的感受和体验，如果孩子喜欢妈妈，那和妈妈一起读书就会让他非常愉悦；如果孩子喜欢爸爸，那跟爸爸一起读书也会提高孩子的阅读兴趣。

总结一下，在培养孩子好习惯的过程中，一个重要的原则是：父母把希望孩子做的事情与好的体验和感受联系起来，这样大脑中的奖励系统就会引导孩子不断地去重复这样的行为，唤起大脑中"我要做"的力量。

3分钟思考

你准备用"我要做"的力量培养孩子的哪个好习惯？

改掉坏习惯就是启动“我不要”的力量

不管是好习惯还是坏习惯，一个习惯的养成意味着在大脑中已经建立了一条通路。改掉坏习惯，意味着让这条路消失，这就需要把这个坏习惯与不好的体验联系在一起，这样，每次孩子做这件事情时，都会启动大脑中的恐惧中心。

茜茜的妈妈找到我，希望我能给她一些方法，让茜茜改掉吃糖的坏习惯。茜茜已经养成了过度吃糖的习惯，不仅影响了吃饭，还出现了蛀牙。在这种情况下，如果要启动茜茜大脑中的恐惧中心，就要让她知道蛀牙的严重危害。

对于小孩子，能直观地体现蛀牙危害的媒介有两种，一种是绘本，另一种是视频。在我的建议下，妈妈买了关于蛀牙的绘本，找了关于蛀牙的视频，跟茜茜一起看。绘本和视频让茜茜了解到，吃糖会让牙变坏，牙疼起来的时候，比打针还要疼；另外，如果牙齿坏了，茜茜就不能吃自己特别喜欢的坚果了。这确实启动了茜茜大脑中“我不要”的力量，每次茜茜要吃糖的时候，妈妈都会提起绘本和视频中的故事，这样成功地让茜茜减少了一半的吃糖量。同时，妈妈和茜茜一起制订了吃糖的规则，规定了什么时间可以吃糖，一天能吃几块。这样双管齐下，来改掉茜茜过度吃糖的坏习惯。

我们成人都有这样的经验，改掉一个坏习惯非常难，这是因为形成的习惯与大脑中的奖励中心已经建立了联系，改掉这个习惯意味着要切断它与奖励中心的联系，转换成与恐惧中心的联系，来启动“我不要”的力量。

以茜茜吃糖为例，吃糖会给茜茜带来愉悦的感受，这就是它与奖励中心的联系。妈妈在茜茜吃糖的时候说起绘本和视频中的故事，让茜茜联想到蛀牙和疼痛，那就转换成了与恐惧中心的联系，妈妈不断强化吃糖与恐惧中心的联系，茜茜吃糖的坏习惯就得到改正。

找我咨询的另外一个案例是瑞瑞的妈妈。瑞瑞是一个4岁的虎头虎脑的小男孩，身高体重都超过同龄的孩子。他每天都会因为抢别的小朋友的玩具、把小朋友从滑梯上推下来而被投诉，妈妈为此特别头疼。妈妈一直教育瑞瑞，要和小朋友友好相处，不要抢玩具，不要推别人，但是没什么用，瑞瑞依旧我行我素。

我对瑞瑞妈妈解释，瑞瑞抢别人玩具、把别人从滑梯上推下来，这些行为跟大脑中的奖励中心紧密联系：抢了别人玩具瑞瑞可以玩儿，把别人从滑梯上推下来瑞瑞可以滑滑梯，而妈妈“要和别人友好相处”的口头教育并不能切断这些行为与奖励中心的联系，所以，瑞瑞一直不改。

要切断瑞瑞的这些行为与奖励中心的联系，就不能让他的这些行为得到好处，具体做法是：当瑞瑞抢了别人的玩具时，妈妈要求瑞瑞必须把玩具还回去，抢过来也不能玩儿；同样，瑞瑞把别人推下去，也不能滑滑梯，得去后面排队。瑞瑞的这些行为得不到好的结果，与奖励中心的联系自然就被切断了，再加上要向小朋友道歉、不能友好相处就要自己玩儿这些措施，使瑞瑞的行为与恐惧中心联系了起来，“我不要”的力量就启动了，这样瑞瑞会逐渐改掉这些不好的行为。

改掉孩子的坏习惯，就是要让孩子把坏习惯与不好的体验和感受联系起来，用这个习惯与恐惧中心的联系代替与奖励中心的联系，增强“我不要”的力量。

3分钟思考

你准备启动孩子“我不要”的力量改掉他的哪个坏习惯？

用规则帮助孩子建立“我想要”的力量

孩子总是希望多看几集动画片，吃更多的甜食，买各种玩具，这样会让自己很开心。而父母希望孩子有健康的身体、优异的成绩，长大了能适应社会独立生活。父母的期望就是“我想要”的部分，而孩子的想法是“我要做”，两者之间的矛盾，可以用规则来解决。规则可以帮助孩子抵制诱惑，采取行动，实现自己的目标。

<< 好规则的标准

什么是好规则呢？以父母经常碰到的吃饭的事情为例，1岁多的宝宝白天总是不肯好好吃饭，晚上饿醒了就哭，然后妈妈就会给他喂奶。第二天，白天他照样不好好吃饭，因为他学到的经验是：我想要什么就会有什么，我的要求就是规则。

如果这个孩子不管饿不饿，都必须吃完盘子里的饭，不然妈妈就不让他从餐椅里出来，那他得到的就是完全相反的经验：爸爸妈妈的要求就是规则，而我的需求不会受到重视。这两个都不是好规则，好规则应该是：父母来决定孩子吃什么，什么时候吃，而孩子决定自己要不要吃，吃多少。

一个好规则，既要体现父母对孩子的要求，又要兼顾孩子的愿望，还要考虑到孩子的年龄特点和发展状况，不会限制他的个性发展。好规则也是固定的、可靠的，孩子事先就知道如果他不遵守规则，会有什么样的后果，这个后果不会随着爸爸妈妈的心情好坏而摇摆不定。当然了，大家都是人，难免有感情用事的时候，所以力求尽量。

<< 不同年龄段孩子常用的规则

1岁以前的婴儿应该明白：

◆从父母那儿，我可以得到自己需要的，但也不是要什么就会有什么。

◆父母会注意到我的需求，不过有时候他们会比较清楚什么对我有好处，比如，妈妈决定给我吃什么，什么时候吃，但我可以决定要不要吃，吃多少。

◆当我吃饱了、心满意足、心情很好的时候，妈妈特别喜欢跟我玩儿，而且玩儿得很尽兴。父母一天当中会好好陪我玩儿几次，但是当他们有重要的事要做时，我就得自己玩儿一会儿，就算我不喜欢这样，他们也不会迁就我。

◆家里几乎所有的东西都准许我探索，但有几样东西我绝对不能碰。

2～3岁的孩子要开始学着对自己的行为负责：

◆如果我不好好吃午饭，就得等到晚饭时间才有得吃。

◆吃完饭我可以站起来，离开餐桌，但不能拿着食物乱跑。

◆如果我坐在地上哭闹，妈妈就会立刻走出房间去不理我。

◆如果我从别的孩子手里抢了东西，妈妈会立刻从我这儿把东西拿走还给人家。

◆玩游戏时，我可以选择要不要和其他小朋友一起玩儿。

4～6岁的孩子需要学会遵守一些生活自理的规则和幼儿园里的规则：

- 即使我衣服还没穿好，妈妈还是会准时送我去幼儿园。
- 我的玩具必须自己整理。
- 如果我哭闹得让妈妈很烦，她就会走出去。
- 吃完早饭要自己把盘子收走，清理干净桌面。
- 玩完玩具，所有的小朋友要一起收拾，然后才可以到外面玩儿。
- 所有的孩子都要自己上厕所大小便。

让孩子遵守规则，按照一定的要求去做，而不是随心所欲，就是不断训练大脑的冲动控制功能，实现“我想要”的目标。这会让孩子体验控制自己“要做”的冲动，去做原本“不要”的事情，就这样在一次次遵守规则的体验中，孩子的自控力不断增强了。

3分钟练习

给孩子设立3～5条规则，这些规则是孩子必须遵守的，用孩子可以听懂的语言把规则说清楚，当孩子遵守规则的时候，给他鼓励。

规律生活——培养自控力的重要方式

规律的生活，要求孩子在固定时间起床、吃饭、睡觉，在这个过程中，能很好地培养孩子的自控力。另外，规律的生活可以保证孩子有充足的睡眠，充足的睡眠对于良好的自控力也是必需的，当孩子睡眠不足时，他们更容易哭闹，情绪更低落，很难表现出良好的行为。

<< 建立生活常规表是培养孩子规律生活的重要方法

很多孩子喜欢反复读同一本书，玩同一个玩具，这是因为小孩子通过重复和一致性来学习。生活常规表利用了孩子的这种学习特点，把一天做什么事情、几点做、怎么做都安排妥当，通过每天的重复，帮助孩子建立良好的生活规律。

对于还没有上幼儿园的孩子来讲，生活常规表可以帮助他们建立很好的作息，这对孩子的身体健康、适应幼儿园都有很大的帮助；而对于已经上了幼儿园的孩子来讲，生活常规表可以让他们更好地学会时间管理，安排自己的生活。

另一方面，对6岁前的孩子来讲，生活是重要的学习内容。在生活中，孩子的生活自理能力、表达能力、解决问题的能力以及责任意识，都能得到有效的锻炼，这些都可以在生活常规表中体现。

生活常规表能够让孩子按时吃饭，按时睡觉，有充足的运动量，孩子的身体会更健康。生活常规表还可以帮助全家人统一教育理念和方法，减少摩擦。

<< 制订生活常规表的重要事项

◆ 当孩子的作息基本规律以后，在1岁左右，父母就可以着手建立生活常规表了。

◆ 生活中每一件重复的事情都可以放在这张表里，比如起床、吃饭、玩玩具、出去玩儿、睡觉等。父母要考虑孩子几点起床，几点吃饭，几点睡觉，还要考虑给孩子安排哪些活动，每个活动的时间有多长，比如，出去玩儿多长时间，看多长时间电视，读多长时间书等。

◆ 可以把比较重要的事情或者让父母头疼的事情，建立更详细的规则。不同孩子的问题不同，比如有的孩子不好好吃饭，有的孩子不按时睡觉，而有的孩子玩手机的时间太长。

◆ 在做生活常规表的时候，会遇到家人意见不一致的事情，这也是跟家人一起沟通的好时机。比如，很多老人不喜欢带孩子出门，在做生活常规表的过程中，父母可以跟老人沟通清楚，每天上午和下午都要带孩子出去玩儿，这样也避免了很多争执。

建立生活常规表的过程，是全家人对教育孩子的各种事项讨论沟通的过程，父母和其他人可以利用这个机会，坦诚地说一说自己的想法，这有助于全家教育理念和方法的统一。

生活常规表示例

时间	活动	说明
7：00～7：30	起床&洗漱	宝宝自己完成
7：30～8：00	早餐	早餐前先喝奶
……	……	……

<< 3岁以下孩子的生活常规表

大多数3岁以下的孩子还没上幼儿园，生活常规表的重要作用是让这个年龄段的孩子养成规律的生活。

我以2岁的孩子为例来说明这个表的做法。他们通常在早上7点左右起床，洗漱完毕后吃早餐，早餐后自由玩耍。夏天可以在早餐后就出去玩儿，大约1小时回来后吃加餐，加餐通常是水果、酸奶之类的食物。然后是室内活动，可以玩玩具、看书。如果是冬天，早餐后先在家里玩儿，吃完加餐后10点左右，天气暖和一点儿再出去玩儿。

12点左右是午餐，午餐后孩子会睡一觉，午睡2小时左右。每个孩子的睡眠时间不一样，有的孩子喜欢睡觉，有的孩子不喜欢睡觉，大多数2岁左右的孩子白天睡一觉就可以了。怎么判断孩子午睡的时间是否合适呢？如果午睡时间短了，孩子在下午会比较烦躁，情绪不好；如果午睡时间长了，则会影响晚上的睡眠，孩子晚上会折腾，睡得相对比较晚。

午睡后父母可以给孩子一点儿加餐，通常是牛奶。下午的安排跟上午很像，根据季节和天气状况，安排户外活动和室内活动。如果白天有两次户外活动，孩子的活动量能得到基本的保证，晚上就会睡得特别香。需要提醒的是，在午餐和晚餐前，一定要给孩子安排至少20分钟的安静活动，不要让孩子气喘吁吁地从外面回来后直接吃饭，这样容易造成孩子的肠胃不适。

如果平时是老人或保姆带孩子，晚餐后的时光会是非常难得的、温馨的亲子时光。我强烈建议父母利用这段时间给孩子高质量的陪伴，可以跟宝宝玩一些安静的亲子游戏，玩玩玩具，讲讲故事。晚餐后要避免剧烈的活动，以免让孩子过度兴奋，影响晚上的睡眠。

但有些孩子总是玩儿不够，到了睡觉的时间还要玩儿，该怎么办呢？父母可以把睡前准备活动变成愉快的玩耍时光。比如，大家一起洗脸，让孩子给每个人递毛巾；大家一起刷牙，让孩子找出每个人的牙刷；孩子跟爸爸或妈妈一起洗澡，洗澡的时候还可以玩儿出好多花样。这些事情做完后，孩子就该上床睡觉了。睡觉前父母可以根据孩子的喜好做一些安静的活动，比如讲故事、唱摇篮曲等，最后关灯睡觉。

繁忙的一天终于结束了，父母可以安排一些自己的事情了。看着孩子熟睡时天使般的脸庞，你是不是觉得所有的付出都值得了呢？你一定要多看几眼这个天使，把这个画面牢牢地记在脑子里，以后的日子里，当你无数次被这个小家伙气得暴跳如雷的时候，这个画面将是你重要的精神支柱。

生活常规表上的内容看起来很琐碎，但帮助孩子养成了规律的生活习惯，让孩子学习到了很多能力，身体也更健康，更为适应幼儿园的生活做了很好的准备。

<< 3岁以上的孩子要参与建立生活常规表

3岁以上的孩子，建立生活常规表可以解决生活不规律的问题，父母要让他们参与到做表的过程中。

◆父母引导孩子把该做的事说出来。举个例子，父母写上7点，问孩子："宝宝，早上7点了，你该起床了，起床以后干什么呢？"引导宝宝把刷牙、洗脸、吃早餐这些事情说出来。接着问孩子："刷完牙、吃完早餐该干什么了？"这样孩子就有参与感了。

◆父母还可以把孩子生活起居的各种活动拍下来，打印出来，贴在生活常规表上，这样就更直观具体了。

◆五六岁孩子的参与方法是，让他们自己去画这张表，父母在旁边协助。比如，父母指导孩子在常规表的左边一列画上钟表，把时间标出来，右边一列把活动画出来。一页可以画几个活动，画好了，可以做成一本书。当孩子晚上折腾不想睡觉的时候，让他去看看自己画的书上，应该几点睡觉，这样就减少了好多不必要的唠叨。

制订和使用生活常规表的过程，不仅能够让孩子学会安排自己的时间，管理自己的时间，还为上小学做了很好的准备。

<< 运用生活常规表限制孩子使用电子设备

现在的电子设备又多又好玩儿，对于自控力还不太好的孩子来讲，很难做到不为所动。但是电视和手机上的画面转换非常快，孩子只需要无意注意，不需要有意注意，而且长时间看电视或手机，孩子的运动量会减少。已经有研究证明，过度使用电子设备会影响孩子的注意力、视力、身体健康和学业成绩。

父母可以用生活常规表，教孩子学会有限制地使用电子设备。在生活常规表中，把每天几点看电视、能看多长时间都一一确定下来。比如，可以把看电视安排在上午或下午的室内活动时间，一天2次，一次15分钟，每天不超过半小时。父母跟孩子商量好后，要把看电视的时间安排写在生活常规表上。这样看电视的时间结束了，父母关掉电视时，孩子出现情绪失控的情况就会减少。另外，在看电视时，父母要为孩子选择有趣的、有教育意义的内容，不要让孩子在看电视的过程中学会一些不好的行为。

如果你家的孩子很喜欢看电视，只能说明一个问题：其他的活动很无趣很无聊，远没有看电视有意思。父母就需要想一想，要给孩子提供哪些更有趣的玩具和游戏活动，才能让孩子少看电视。

<< 活动转换是锻炼孩子自控力的好时机

很多孩子在活动转换的时候，特别是需要从好玩儿的活动转向枯燥的活动——在外面玩儿得很高兴，需要回家吃饭了；正在看动画片，需要关掉电视睡觉了，这些时候，孩子特别容易与父母发生冲突。

父母要意识到，活动转换是锻炼孩子自控力的好时机，这时候孩子需要抑制继续玩儿的想法，接受要吃饭的事实。父母可以运用我在第5章讲过的，给孩子缓冲时间、认同孩子的感受、给孩子选择和鼓励孩子这四个步骤，帮助孩子完成活动的转换。在这个过程中，父母一定要做到好好说话，坚定行动。

3分钟练习

为了帮助孩子形成规律的生活，做出你们家的生活常规表吧！

冥想——训练自控力的有效方法

神经学家发现，如果你经常让大脑冥想，它不仅变得擅长冥想，还会提升你的自控力，提升你集中注意力、管理压力、克制冲动和认识自我的能力。如果父母能有很好的自控力，那在培养孩子的自控力方面，会有更多的方法，也会取得更好的效果。

专心呼吸是一种简单有效的冥想技巧，它不但能训练大脑，增强自控力，还能减轻压力，指导大脑处理来自人自身的干扰——担忧、焦虑等，抵抗外界的诱惑——声音、画面、气味等。无论“要做”和“不要”的是什么，5分钟冥想都有助于你增强自控力。

<< 冥想的具体方法

安静坐好

你可以坐在椅子上，把双脚平放在地上，也可以盘腿坐在床上或垫子上。背挺直，双手放在膝盖上。冥想时一定不能烦躁，这是自控力的基本保证。如果要想挠痒痒，可以调整一下胳膊的位置，把腿交叉或者伸直，看看自己能不能控制冲动。这个部分能让你学会，不再屈服于大脑和身体产生的冲动。

把注意力集中到呼吸上

闭上眼睛，如果怕自己睡着了，可以盯着一个地方看，比如一面白墙。把注意力集中到你的呼吸上，吸气时在心里默念“吸”，呼气时在心里默念“呼”。当你发现自己有点儿走神的时候，要重新将注意力集中到呼吸上。这种反复的注意力训练，能让前额皮质开启高速模式，让大脑中处理压力和冲动的区域更加稳定。

感受呼吸，弄清自己是怎么走神儿的

几分钟后，你可以不用默念“呼”和“吸”了。试着专注于呼吸本身，你会注意到空气从鼻子和嘴进入和呼出的感觉，感觉到吸气时胸腹部的扩张，呼气时胸腹部的收缩。不再默念“呼”和“吸”后，你可能更容易走神儿。像之前一样，当发现自己在想别的事情时，重新将注意力集中到呼吸上。如果很难集中注意力，就在心里多默念几遍“呼”和“吸”。这部分能锻炼你的自我意识和自控力。

<< 运用冥想到日常生活中

刚开始的时候，每天冥想5分钟就可以，习惯以后，每天试着做10～15分钟。如果觉得有负担，就减到5分钟，做得短总比不做好。每天可以固定时间冥想，如果这个时间做不到，就调整时间。

我在刚开始做冥想的时候，感觉很糟糕，因为总有不同的念头溜进来，没有办法把注意力集中到呼吸上。实际上，冥想中感觉“很糟糕”，才能让训练有效果。因为在冥想中训练的事情，正是在生活中要面对的：把注意力收回，专注于最初的目标。在冥想训练中，目标就是专注呼吸。

研究表明，持续8周的日常冥想训练可以提升人在日常生活中的自我意识，而意识是控制的基础，只有意识到自己的情绪和行为，才能控制它们。自控力是一个过程，在这个过程中，人会不断偏离目标，又不断把注意力收回来，我在这一点上就深有感触。经过一段时间的冥想以后，当工作中的问题让我抓狂的时候，我能把自己的注意力集中在解决出现的问题上，找到解决方案，而不是情绪失控。

这种专注呼吸的冥想训练，4岁以上的孩子就可以学习了。可以从2分钟开始。让孩子学着专注于自己的呼吸，父母和孩子一起进行，这对训练孩子的自控力非常有帮助。

3分钟练习

请你学会做简单的冥想，然后再教给孩子。

CHAPTER 9

乐观力：给孩子克服困难的勇气

一方面，乐观不是刻意去避免失败或者掩盖失败，经历失败、沮丧以及不断尝试不管是对父母还是孩子，都是非常必要的。正确的做法是父母要接纳孩子的负面情绪，鼓励孩子从沮丧中走出来，变得有信心，并努力寻找改变的方法。

另一方面，乐观不是快乐思维，更不是一切，乐观是一种工具，不能代替正确的价值观，也不能代替孩子的其他能力。

导读

媒体上的励志故事常常给我留下深刻的印象，褚橙的创始人褚时健就是非常有代表性的一位，他在70岁时再次创业，而褚橙也被称为“励志橙”。另一个例子是美国著名的脱口秀主持人奥普拉。她从小在恶劣的环境下长大，最终却成为全世界著名的“励志女王”。

所有励志故事的主角都有一个核心品质——在困难面前保持乐观心态，相信通过自己的努力可以克服困难。但在实际生活中，更多的人看不到希望和曙光，在困难面前选择了消极和退缩。

我一直在思考，为什么会形成这两种截然不同的思维方式呢？在孩子的成长环境中，哪些因素会影响孩子的乐观能力呢？原因是一个重要的概念，叫作解释风格，乐观的解释风格能帮助人在遇到困难的时候坚持下来。

解释风格的三个重要维度

解释风格指的是人对事情发生原因的习惯性看法。

当我们说一个人很悲观或者很乐观的时候，说的就是他的解释风格。比如，你这次考试没考好，是因为没准备好，还是自己很笨；你工作取得了成绩，是因为你在这个领域很擅长，还是因为这次运气好，这都是不同的解释风格。解释风格从童年开始形成，如果没有经过干预，往往会保持一辈子。

解释一件事情发生的原因，有三个重要的维度需要考虑——永久性、普遍性和谁的原因。

永久性指时间是永久的还是暂时的，即“总是”还是“偶尔”。

当不好的事情发生时，悲观的人会认为原因是永久存在的，既然原因永久存在，那坏事就会不断地发生。而乐观的人会认为坏事发生的原因只是暂时的，只是偶然发生。比如，对于妈妈发脾气这件事情，悲观的解释是“妈妈脾气很差”，而乐观的解释是“妈妈今天心情不好”。

两者对于好事的解释则正好相反。乐观的人会以永久性的原因解释好事，把原因归为自身具有某种特性和能力，比如努力学习或者讨人喜欢，他会用“总是”来形容好事的原因；而悲观的人把好事归结为暂时的原因，只是“偶尔那一次”。

相信好事是永久性原因引起的，下一次就会更加努力地尝试；相信好事发生的原因只是暂时的，即使成功了也可能放弃，因为他认为成功只是一次意外。比如，对于一次比赛获胜的事情，乐观的解释是“我是个努力的孩子，准备得很充分”，而悲观的解释是“这次的选手水平都不高”。

普遍性指范围是普遍的还是特定的，即“普遍事项”还是“特殊事项”。

当坏事发生的时候，悲观的人认为原因是普遍的，是自己所有的事情都不好，当他仅在一方面失败时，也会完全放弃；而乐观的人认为，只是特定的这一件事情出了问题，也许他在这一方面会有无助感，但是仍会坚定地走完全程。比如，当一个人跟朋友吵架闹翻了，悲观的解释是“没有人会跟我做朋友”，而乐观的解释是“我失去了一个朋友，但是还有其他朋友”。

当好事发生时，乐观的人相信成功的原因会强化他所做的每一件事情，但是悲观的人相信好事的发生是由某一特定因素导致的。比如，对于被邀请去参加朋友生日会，乐观的解释是“我招人喜欢，所以被邀请去参加朋友的生日会”，而悲观的解释是“子萱喜欢我，所以邀请我去参加她的生日会”。

谁的原因，指是自己的原因还是别人的原因，即“内部归因”还是“外部归因”。

当坏事发生时，悲观的人认为都是自己的原因，即“内部归因”，而乐观的人认为有别人的原因，即“外部归因”。失败时经常怪罪自己的孩子，自尊心比较强，他会觉得愧疚、羞耻；而失败时经常怪罪其他人或环境的孩子，对自身评价往往比较高。总体来说，怪罪其他人的孩子更少地觉得愧疚、羞耻，更喜欢自己，但是更容易愤怒。

永久性、普遍性和谁的原因，这三个重要的维度，决定了一个人的解释风格是乐观的还是悲观的。

3分钟思考

你自己的解释风格是悲观的还是乐观的？

影响孩子解释风格的原因

孩子的解释风格是怎么形成的呢？研究表明，除了基因以外，有三个原因影响着孩子的解释风格，分别是父母对日常生活事件的原因分析（特别是对失败的原因分析）、孩子失败时父母的批评方式，以及童年生活中的重大负面事件。

<< 父母对日常生活事件的原因分析，特别是对失败的原因分析

当父母把失败归因于能力差，比如，“我这次没有得到升职是因为我的表达能力太差了”，父母的这种悲观解释，让孩子觉得失败是不能改变的，于是自己害怕去尝试，在面对失败时，会感到无助和消极。

而当父母把失败归因于努力不够，比如，“我这次没有得到升职是因为我不够努力，接下来我要努力工作”，父母的这种乐观解释，会帮助孩子把失败看成挑战，并试着用自己的行动来改变，获得希望和掌控感。

所以，父母要注意对日常生活事件的解释，尽量不要把失败归因于永久的、普遍的原因。比如，我这个人就是不太会说话，女孩子就是不擅长数学，这样的话要少说；更多地用这样的表达：这次你没有做好准备，这不全是你的错等。这对塑造孩子乐观的解释风格非常重要。

<< 孩子失败时父母的批评方式

父母的批评方式会塑造孩子的解释风格。当父母用永久的、普遍的原因批评孩子时，比如，“你总是毛手毛脚的”“你的脑子反应很慢”“都是因为你，我才迟到了”等，会让孩子觉得自己没有价值，变得很无助，形成悲观的解释风格。

<< 童年生活中的重大负面事件

如果孩子在童年的时候遭遇了重大负面事件，比如母亲去世、受到虐待、父母经常激烈地争吵等这些孩子不能掌控的事件，会让孩子有深深的无助感。孩子会更倾向于把挫折和灾难普遍化、永久化，用悲观的风格来解释世界。

孩子的解释风格需要正面的榜样和正确的引导。如果没有正确的引导，孩子就会觉得不论自己怎么努力，坏的结果总会出现，害怕尝试，从而形成悲观的解释风格，更容易放弃。悲观是一种思维方式，会产生非常严重的后果，包括情绪低落、沮丧、较低的成就感等。悲观的人，在遭受挫折时会滞留在最具毁灭性的原因中不能自拔，经受挫折以后，悲观的思维方式会更加难以改变。

3分钟思考

影响你孩子的解释风格的原因是什么？

不适当的批评方式，会让孩子变得悲观

父母经常管教孩子，批评孩子，但大多数父母没有意识到，自己的批评方式对孩子有什么样的影响。我曾经咨询过一个案例，孩子的问题就是父母的批评方式造成的，至今仍然印象深刻。

远航的爸爸是公务员，妈妈是小学老师。我见到远航的时候他5岁多，正面临幼升小。爸爸妈妈要求他必须完成一些作业，包括数学、逻辑和阅读等。妈妈说远航有个毛病，碰到不会的问题不肯动脑筋，常常直接放弃，如果妈妈启发远航再思考一下，远航就会带着哭腔说：“我不会。”这时候，妈妈的脾气噌地就起来了：“你这个孩子，总是那么笨，这么简单的题都不会做！”

妈妈为远航很苦恼，觉得这个孩子不上进，不能克服困难。但是她没有想到，远航在妈妈习惯性的批评中，已经丧失了自信心。平时，妈妈对远航的批评，基本上跟上面是一样的——如果远航不会做什么事情，妈妈会说：“你总是那么笨！”远航淘气的时候，妈妈会说：“你总是那么烦！”远航捣乱的时候，妈妈会说：“你总是闯祸！”

远航从这样的批评中得到的评价是：我很笨，我很烦人，我总是闯祸。这些评价传递的是同一类的信息：自己的失败来自永久的不能改变的因素。这让他没有改变的动力，导致远航觉得自己没有价值，唯一能做的就是很情绪化地退出——带着哭腔说“我不会”。

远航的妈妈不仅批评儿子，还用同样的方式批评老公。老公没有升职，她的反应是："你这辈子就做个小职员，真是没出息！"她对自己的评价也是悲观的："我不聪明，没有考上好大学，这辈子就这样做个小学老师算了。"

远航的妈妈是个悲观的人，她几乎把所有不好的事情都看成是永久的、普遍的：远航笨，远航的爸爸没出息，自己不聪明。妈妈悲观的解释风格，也就是以悲观的心态看待事件发生的原因，让远航直接从妈妈的身上习得了悲观：我是个笨孩子，我没有价值。要知道，孩子不仅吸收父母说的话，更会吸收父母说话和做事的方式。

在咨询的过程中，我建议远航的妈妈先改变自己看问题的视角，要认识到远航放弃是因为他觉得这件事情难，而不是因为他笨；再学习正确的表达方式，换一种方式对远航说话："这道题你以前没有见过，感觉有点儿难，这很正常，咱们一起看看，从哪里开始呢？"引导远航从简单的地方入手，循序渐进地解决问题。远航的妈妈根据我的建议，努力地改变自己，过了一段时间后，远航也有了很大进步。

我接触过的很多父母，批评孩子的方式跟远航的妈妈很像，跟孩子的关系也很紧张。这些父母没有意识到，在批评孩子或者当着孩子的面批评自己和其他人时，必须十分谨慎，因为这些批评方式塑造了孩子的解释风格。

按照积极心理学之父马丁·塞利格曼的观点，父母批评孩子的时候要遵循两项原则。

◆一是要准确，孩子做错了什么就说什么，不要扩大化，比如孩子打翻了东西，不要说他毛手毛脚，孩子不会做题，不要说他笨，这就是我在下一部分要讲的"行为性批评"；

◆二是在实际情况允许的条件下，应该以乐观的解释风格来批评孩子，也就是孩子这次的错误，不会是永久的错误，孩子现在做不到，不意味着永远做不到。这样，孩子不会在父母不适当的批评下，成为悲观的人。

在批评孩子的时候，只针对孩子具体的行为，不要针对孩子的人。

用行为性批评和行为性赞扬塑造孩子乐观的解释风格

当父母不自觉地用永久的、普遍的信息批评孩子，比如你很笨、你很烦，孩子就获取了悲观的模式；当父母的批评是变化的、特定的原因时，比如这道题有点儿难、你今天心情不好，孩子就会习得乐观。

父母塑造孩子乐观的解释风格，并不是教导孩子把不好的事情都归到外部原因，在不顺利的时候一味地埋怨别人，这会引发不好的结果。但是如果孩子一味地埋怨自己，也容易带来抑郁的情绪。父母要引导孩子把握好这两者之间的平衡。

明智的做法是，当父母发现孩子有错，如果事实允许，就着重于特定及暂时性的个人原因——这种方式是行为性批评，避免责怪孩子的个性或能力——这种方式是普遍性批评。

行为性批评有助于培养孩子乐观的解释风格，让孩子学到，如果是自己的错误，就负起责任，尽量改正行为；当问题与自己无关时，孩子仍然觉得自己有价值。我们前面讲过的远航妈妈，使用的是普遍性批评，责怪的是孩子的能力，造成了远航的自暴自弃。

那么具体的方法是什么？

◆ 第一，当孩子做了错事，父母要让他负起真正的责任，并且改正。如果孩子打翻了水，就把水擦干净；抢了别人的玩具，要把玩具还回去；打了人，要去道歉并做补偿。

◆ 第二，当孩子做了错事，父母要用行为性批评——批评行为本身，不要用普遍性批评——批评孩子的个性和能力。以孩子冲家里人大声嚷为例，行为性批评是对孩子说：大声嚷是不对的，要有礼貌。而普遍性批评是对孩子说："你太讨厌，没有人喜欢你。"普遍性批评不仅会伤害孩子的自信，还会让孩子变得消极；而行为性批评指出了可以改变的原因，能激励孩子更加努力地改变行为。

◆ 第三，当孩子有了进步，要及时鼓励赞扬孩子。行为性赞扬是赞扬孩子的具体行为，"你很有礼貌""别人睡觉的时候你说话声音很轻"，这些行为性赞扬会清楚地让孩子了解自己的行为好在哪里，更愿意重复这些好的行为。而"你真棒""你真好"这些笼统的话是普遍性赞扬，普遍性赞扬一方面不容易巩固孩子良好的行为，另一方面也容易让孩子心理承受能力变得更脆弱。

行为性批评和行为性赞扬能够让孩子清楚地知道自己哪些行为是好的，哪些行为需要改正，塑造孩子乐观的解释风格，让孩子变得更加自信。从现在开始，对孩子就事论事，只批评具体的行为，不用普遍性的批评，不否定孩子的人。尽量用"不要把玩具弄坏"这类具体的批评代替"你真是个淘气的孩子"这种笼统的否定。

3分钟练习

请你在日常生活中尽可能地使用行为性批评和行为性赞扬。

教会孩子乐观地应对困难

当孩子遇到了困难，比如拼图拼不上、题不会做、好朋友不跟自己玩儿了，孩子的普遍反应是伤心、沮丧，如果再用普遍性批评否定孩子的能力或个性，很容易造成孩子的放弃或逆反。正确的处理方式如下：

◆认同情绪——父母可以这样说："拼图拼不上（题不会做，好朋友不跟你玩儿了），你很难过。"这样孩子有被理解的感觉，负面情绪就不会那么强烈了。

◆寻找原因——问开放式问题是一个好方法，所谓开放式问题，就是不能以"是"或"否"来回答的问题。如果是好朋友不跟孩子玩儿了，父母可以问孩子："发生什么事情了？"如果是拼图拼不上，父母可以问："这块拼图上有什么？旁边的那块应该有什么东西才对呢？"这个过程，能让孩子学习如何分析问题。

◆解决问题——孩子碰到的问题，对成人来讲往往会觉得容易，所以，父母一定要克制把答案告诉孩子的冲动。根据问题的难度，父母需要引导孩子自己找出解决问题的方法或者与父母一起找出方法，这也是孩子学习各种技能的好机会。举个例子，对于拼图，按颜色把各个小块分类是个有效的方法；观察的时候，从左往右、从上往下，要比没有顺序地乱看效率更高。

◆行为性赞扬——当孩子克服了困难有进步的时候，父母要清晰明确地说出孩子的进步。

父母用上面的方式，能够帮助孩子乐观地应对困难，不断提高孩子的能力，提升孩子的自信，让孩子养成积极乐观的心态。

3分钟练习

孩子遇到困难，需要大人的支持和帮助时，可以使用上面的四个步骤。

教会孩子正确地应对错误

如果孩子犯了错，比如，弄坏了东西、打人、不遵守规则，在这种情况下，父母容易生气，特别想狠狠地教训孩子。记住，不管父母多生气，都要避免普遍性批评，只能用行为性批评——只批评孩子的行为，不批评孩子的人，否则很容易会让孩子破罐子破摔。

具体可以参考下面的处理方法：

◆ **描述事实或制止孩子的行为。**如果孩子没有破坏环境或伤害别人，比如只是把玩具扔得满地都是，父母可以清楚地描述事实，表达出自己的情绪即可。可以这样说："玩具扔得到处都是，害得我差点儿摔倒，我不喜欢这样的行为。"这样的表达没有指责孩子，只是描述了事实和父母自己的情绪，不会引起孩子对抗。

如果孩子破坏了环境或伤害了别人，比如抢了别人的玩具、打了人，父母要在第一时间制止孩子的行为，并明确说出："打人不对，你不能打人！"这样可以给孩子建立正确的是非观念。

◆ **解决问题。**在解决问题的过程中，父母要注重对孩子的启发和引导。可以这样问孩子："玩具满地都是，我们可以怎么办？"或者给孩子选择："你希望自己收拾玩具还是跟我一起收拾玩具？"如果孩子做了伤害别人的事情，比如，抢了别人的玩具或者打了人，父母要坚定地要求孩子："这不是你的玩具，还给人家！”“打人不对，你要去道歉。”父母的这些做法会让孩子学着负起责任。

◆ **约定规则。**为了避免以后孩子还会出现同样的问题，父母在解决了当时的问题以后，一定要为孩子制订规则，比如，玩儿完了玩具要收回去，否则父母就会把玩具收了，孩子以后玩儿不了；如果打人就不能和小朋友一起玩儿，只能自己玩儿。这样孩子知道什么样的行为是可以被接受的，什么样的行为是不被允许的。

◆ **行为性赞扬。**当孩子做出了正确的行为，有进步的时候，父母要清晰明确地说出孩子的进步，这样才能让孩子把正确的行为巩固下来。

这样，父母通过行为性批评和行为性赞扬，能够帮助孩子正确地面对错误，规范孩子的行为，还不会让孩子自暴自弃。

3分钟练习

在孩子犯错以后，你可以描述事实，指出孩子的错误，并约定规则，这样更容易让孩子改正错误。

培养乐观孩子的三个原则

怎么培养乐观的孩子呢？父母可以通过让孩子有掌控感、提供正面积极的情绪以及培养孩子乐观的解释风格，来建立孩子的乐观体系。

<< 掌控感——培养乐观孩子最基础的一层

研究人员在实验中发现，动物和人在经历不可控制的情况时都会放弃，这种现象被称为“习得性无助”。不可控制的情况是指不管有没有做动作，结果都是相同的，这时候人和动物都会产生无助感。比如，实验中的老鼠不管怎么按板子，电击仍然存在，老鼠就会放弃按板子的动作，产生无助感；孩子不管怎么叫妈妈，妈妈都不理他，孩子也会产生无助感。

而掌控和无助是相对的，它来自行为与结果之间的相关性。如果老鼠按一块板子就可以关掉电击，老鼠就会有控制力；如果孩子按开关就能把灯关掉，他也有了控制力，并且有了掌控的经验。

当孩子掌握了一件事，比如开关灯、把东西装进书包里，他的行动与结果产生了关联，孩子就会喜欢这些事，变得更加主动积极。孩子的无助感通常发生在他的行动与结果没有关联的时候，比如，不管怎么努力也穿不上鞋，不管怎么叫妈妈都得不到回应，这会使孩子伤心焦虑，变得消极。大量的研究也证明，孩子有控制权时，他的愉悦情绪和行动会增加，而大量的无助感会造成孩子的负面情绪和消极被动的心态。

增加孩子的掌控感有以下几个方法：

第一，当孩子面临新的或有困难的任务时，父母可以把任务分成小块，降低难度，先从他容易控制的程度来开始。我女儿在学穿珠子的时候，她很难把线绳穿进珠子孔里，我就把绳子的头缠上几圈胶带，这样绳子头就变硬了，穿珠子的难度降低了。

第二，给孩子可以接受的选择。当孩子能表达出好或者不好的时候，就要给予孩子选择，比如，父母可以问孩子："你要喝橙汁还是苹果汁？""你要出去玩儿还是在家里玩儿？"当然父母对孩子的拒绝要有心理准备。当孩子能够按照自己的意愿做事的时候，他的掌控感会增强。

第三，利用探索和游戏帮助孩子建立掌控感。游戏和探索中有自然的正面反馈循环和负面反馈循环，比如在用球打倒空瓶子这个游戏中，当孩子成功地打倒了一个瓶子，他就会尝试新的行动扩大自己的控制力，有可能会打倒更多的瓶子，带来更大的成功、更多掌控感和更深入的探索。如果孩子一个瓶子都打不倒，他会因为失败而感到无助，导致探索减少，就不玩这个游戏了。

父母的任务就是帮孩子获得正面反馈循环。当父母给孩子提供机会探索室内、室外不同的器具和事物时，孩子就会获得更多的掌控经验。除了不安全的情况，父母不要阻止、打断孩子的探索。孩子用大蜡笔、水彩笔、可以洗掉的画笔画画，都是有掌控性的活动。玩具是孩子探索的重要工具，父母可以以掌控为指标来选择玩具，积木、拼图、可以换衣服的洋娃娃和音乐器材都是有掌控性的玩具。

第四，亲子互动也是让孩子获得掌控感的活动。当孩子饿了，或者纸尿裤湿了，父母不要让他不停地哭，要尽快把他抱起来，满足他的需求，这是最基本的互动之一。孩子会学到，啼哭可以减轻不舒服，父母不要只在自己想说话的时候与孩子说话，而要在孩子发声时给他回应。在给孩子读书的时候，鼓励孩子用手指出图片，并且要说出孩子所指的东西。鼓励孩子玩过家家游戏、厨房玩具、医生玩具和戏剧表演，当孩子扮演妈妈、爸爸或者医生时，可以学到很好的解决问题的能力，并为发展社交控制力提供良好的机会。

<< 正面积极的情绪——培养乐观孩子的第二层

掌控是行为上的，即孩子能够掌控结果；而正面积极的情绪是情感上的，即孩子在一个温暖愉快的情绪环境中长大。温暖愉快的气氛、清楚的规则、无条件的爱但有条件的奖励，以及许多美好的事情都会增加孩子生活中积极的一面。

父母的爱、热情和关心都应该是无条件的，这些东西越多，气氛就会越积极，孩子也就更有安全感，安全感又会促使孩子进一步探索和掌控。

但是奖励就完全不同了，奖励是有条件的，奖励的原则是父母在孩子成功时奖励他，而不能只是为了孩子心情好就奖励他。同时父母要把奖励分级，以适合孩子取得的不同成就。如果奖励不分级，无论孩子做成什么样父母都给予同样的奖励，就会使孩子变得无所谓。

如果任务十分困难，孩子可能失败，父母可以把任务分成更小的、更容易实现的小步骤，或是在不影响结果的情况下转换活动，但是不要掩盖失败，更不要奖励失败，让孩子体验失败也是一种学习。

惩罚是把不良行为与不想要的结果形成一种联结，是消除不良行为的有效方法。但是实际上，孩子时常无法判断受惩罚的原因，并且会对施予惩罚的人和整个情况产生厌恶感，这是因为父母给孩子提供的规则时常不清楚。

当父母惩罚孩子时，必须确定规则是清晰的，务必使孩子完全了解他的哪个行为是受惩罚的原因。更重要的是，父母在惩罚孩子的时候，不要指责孩子自身或是个性，只是指责孩子具体的行为，不是孩子坏，而是孩子的行为坏，也就是使用行为性批评，而不是普遍性批评。

<< 乐观的解释风格——培养乐观孩子的第三层

有了掌控感作为基础，正面积极的情绪作为中坚力量，就可以培养孩子乐观的解释风格了。解释风格在学龄前开始形成，孩子会十分留意父母的解释风格，被动地吸收父母的解释风格，父母之间谈话的方式、争辩的方式，以及父母批评孩子的方式，都会被孩子吸收，孩子也会通过书本、电影、动画片等媒介学习说话的方式。乐观的解释风格可以帮助孩子在遇到困难的时候坚持下来。

3分钟思考

三个原则中，你在哪方面做得最差？准备怎么改进？

不需要每一件事情都乐观

乐观有很多好处，能让孩子更好地应对挫折，对自己充满信心。那我们在每一件事情上都要乐观吗？当然不是。让孩子体验负面情绪，正确地理解乐观非常必要。

<< 让孩子体验负面情绪

孩子需要失败的体验，他们需要接受伤心、生气和焦虑等负面情绪。当父母不分情况地去保护孩子，让他们远离失败时，同时也剥夺了孩子学习各种技能技巧的机会。当孩子遇到困难障碍，父母尽力缓和失败给孩子带来的打击、吹捧孩子的自信，或者转移孩子的注意力，都很难使孩子获得掌控的能力。

所以，要让孩子体会生活本来的样子，不需要刻意减少负面情绪。这与让孩子多体验积极情绪，感受生活的美好并不矛盾，就像硬币有正反两面，阳光下有阴影一样。比如，孩子与朋友一起玩儿很开心，但是并不意味着没有矛盾；孩子能用积木搭起一座大高楼，但也可能还没搭完就塌了。这让孩子既感受到积极情绪，也接受失败和沮丧。

要让孩子有掌控感，经历失败、沮丧以及不断尝试是非常必要的，这其中没有任何步骤是可以跳过的，失败和沮丧的心情是建构成功和良好心态的必要条件。我非常赞同积极心理学之父马丁·塞利格曼的话：“帮助孩子逃避失败的感受会使孩子更难得到掌控的感受。鼓励廉价的成功，会造就出以昂贵失败为代价的下一代。”

<< 正确地理解乐观

乐观的心态很重要，它不仅能带来更好的健康状况、更强的免疫系统、更少的疾病，还能帮助孩子在面对困难和挫折时不会丧失勇气，取得更大的成就。

但乐观不是一切，不是灵丹妙药。下面是关于乐观的一些误解：

第一，用一些空洞的口号来表明乐观。比如：“我是个很厉害的人物，别人都喜欢我，我的生活会越来越好，我是最棒的。”这些空洞的口号有可能在短时间内让父母和孩子心情很好，但是不会帮助你达成目标。

第二，否认或避免负面情绪，认为出现生气、伤心等负面情绪都是不应该的。要知道，负面情绪是生活的一部分，父母需要通过学会情绪管理帮助自己更好地解决问题。

第三，在事情不顺利的时候责怪别人，逃避问题和责任。这是错误理解了解释风格中“谁的原因”这个维度，以为把责任推卸出去就可以解决问题。事实上，如果通过外部归因表明不是自己的错，只能使问题更糟糕。

我们要培养孩子乐观的解释风格，但不鼓励空洞的乐观，不鼓励孩子把责任都推给别人或者环境，也不要使孩子认为自己是引起问题的唯一原因。两种极端的做法都是不正确的，也是不健康的。

正确地理解乐观是让孩子看出每个问题都有它自身的原因，对自己导致的问题应该自己负责，对于自己无法控制的事情，就不用责怪自己，这样才会对他们有帮助。

帮助孩子正确地理解乐观，你们就会获得更多的掌控感和幸福感。

CHAPTER 10

坚毅力：

坚持下去就会有成就

对学龄前的孩子来讲，生活中到处都有挑战，父母只要把生活本来的样子呈现在孩子面前，让他从小就学着面对生活的各种如意与不如意，鼓励他克服困难，那就已经走在培养孩子坚毅品质的道路上了。父母做到这些以后，就可以做到真正的顺其自然了，这其实是竭尽所能之后的不强求，而不是双手一摊的不作为。在这个时代，孩子不是要走多快，走多远，而是在摔倒之后站起来继续往前走，支持他走下去的，就是坚毅力。

导读

还没上学的孩子，好奇心很强烈，兴趣很广泛，但是坚持性不强。他们有时候是因为碰到了更好玩儿的事情放弃了原来的活动，有时候是因为碰到了困难，坚持不下去。有的孩子自己选了绘画班，上了几次课以后，就不想学了；有的孩子上游泳课，呛过一次水后，再也不下水了；有的孩子学轮滑，摔了几次，不敢进场了……类似这样的情况很多。很多父母因为孩子不能坚持而苦恼，不知道该怎么做：是尊重孩子的意见，孩子说不去就不去了呢，还是要求孩子坚持下去？

这也是我一直在思考的问题：为什么有些孩子和成人愿意积极尝试，努力克服困难，而有些孩子和成人在困难和挫折面前就会轻易放弃？在他们的成长过程中，究竟是哪些因素造成了这样的不同？

正确解读斯坦福大学的棉花糖实验

斯坦福大学有一个非常著名的棉花糖实验，来测试孩子延迟满足的能力。实验者会让一个孩子独自在一个房间里面对一块棉花糖15分钟。实验者离开之前会告诉这个孩子："如果忍不住了你可以吃掉它，但是如果你15分钟不吃这块棉花糖，那你就会得到两块棉花糖作奖励。"

在棉花糖实验中，有三分之一的孩子没有吃棉花糖。根据后来的追踪研究，他们的人生大多非常成功、幸福，而吃掉棉花糖的孩子则相对过着贫穷、失意的生活，其中有不少被毒品、酗酒、肥胖等问题困扰。实验最终证明，那些能够抵御诱惑的孩子后来的人生都很顺利、成功，学历好、工作成功、家庭美满，甚至被肥胖困扰的人都很少。

棉花糖实验发现，对一个人的成功来说，耐心和延迟满足是非常关键的因素。

早期的棉花糖实验，被试大多数是斯坦福大学教授和研究生的孩子。后来这个实验又被重复过很多次，但是新研究发现，等待棉花糖的能力很大程度上与孩子的家庭条件相关，这意味着家庭条件影响了人的意志力，同时又影响了人未来成功的可能。

新的实验结果也让人重新思考：为什么家庭条件较差的孩子不愿意等待第二块糖？有一种可能是，经济压力带来的不确定性会影响孩子的选择。在棉花糖实验中，富裕家庭长大的孩子很少为吃不饱而担忧，在实验中等待几分钟没有什么风险，即使等不到第二块棉花糖，他们也不缺这块棉花糖；另一方面，家庭条件差的孩子可能吃了上顿愁下顿，父母承诺的买这买那，最后可能也因为真没有钱而没有兑现，等待有可能落空，所以，这些孩子就更没动力去等不确定的第二块糖。出现这种结果还有一种可能，父母日常对孩子的承诺经常不兑现，这也会影响孩子延迟满足。

另外，研究还发现，有些孩子用了很多方法来抵制诱惑，比如踢桌子、唱歌，还有的孩子干脆转过身去不看棉花糖。在抵制诱惑的过程中，如果研究者引导孩子把棉花糖想象成白云或者棉花球，让孩子把对棉花糖的注意力转移到比较抽象的事物上，那么孩子在研究者回来之前吃掉棉花糖的概率也会降低。

我需要提醒各位父母，对于棉花糖实验的结果不能过度诠释，而且要知道一点：相关性并不等于因果。那些能够约束自己、耐心等待第二块棉花糖的孩子，更有可能在今后的人生中获得成功，但这并不说明他们生来就拥有某些特别品质。我从“棉花糖实验”中总结出下面几条启示：

- 延迟满足的能力对一个人的成功起到了非常关键的作用。
- 父母可以教孩子掌握一些方法来抵制诱惑，延迟满足。
- 家庭对孩子延迟满足的能力起到了很大的作用。

3分钟思考

你从棉花糖实验中学习到了什么？

西点军校的“野兽计划”说明了什么

美国西点军校1802年建校，200多年一直奉行“精英”“卓越”的教育体系。由于西点军校苛刻的选拔机制，能够被西点军校录取的孩子，可以说已经成为金字塔顶端的人。然而，即便过五关斩六将被成功录取的学生，也会有五分之一的人在大一结束时选择退出，原因就是在这一年，他们要经历西点军校最为著名的“野兽计划”，在经历了生理、心理、社交等一系列残酷考验之后，坚持不住的人最终只能选择出局。

这一现象引起了宾夕法尼亚大学知名心理学教授安吉拉·达克沃斯的兴趣：这些学生入学前经历的严苛的智商、情商、天赋测试有什么缺陷？为什么野兽计划还能够淘汰这么多学生？要知道这些退出的学生原本完全有资格进入哈佛、耶鲁这类世界名校的。野兽计划真的发现了这些学生的人格缺陷吗？

达克沃斯为此展开了一系列被称为“坚毅测试”的研究，对历年野兽计划中成功或者失败的学生进行了调查，发现最终完成这个计划的学生大部分都有极为成功的事业、美满的家庭，而他们成功的秘诀就是他们当年在野兽计划里学到的那些秘诀，让他们成了富有激情、韧性、进取心的人，从而取得了巨大成功。在这些秘诀中，最重要的一条是坚毅——即向着长期的目标，坚持自己的激情，即便历经失败，依然能够坚持不懈地努力下去。

达克沃斯认为，坚毅是激情，是对长期目标的坚持不懈；坚毅是有耐力，是坚持你的未来目标，日复一日，年复一年，非常努力地使未来目标变成现实；坚毅是把生活当成马拉松，而非短跑冲刺；坚毅是人最重要的品质。

很多父母觉得，坚毅是成人的重要品质，与还没上学的孩子离得有点儿远。但实际上，坚毅的种子在孩子很小的时候就生根发芽了，日常生活中的很多事情都可以显示出孩子是否有坚毅力。

在培养孩子坚毅的品质方面，达克沃斯的研究对我的启示如下：

◆ 为了完成长期的目标，父母要让孩子学会晚点儿吃“棉花糖”。

◆ 对孩子最重要的不是跑得多快和多远，而是在摔倒以后能够站起来接着跑。

◆ 失败和挫折是孩子必需的体验。

◆ 坚毅是孩子成功非常重要的品质。

3分钟思考

野兽计划给了你什么启示？

积极的挫折教育能让孩子更坚毅

说到坚毅，必须提到失败和挫折。很多父母对这一点感到很疑惑，现在的生活这么好，孩子这么小，哪里会有挫折和失败呢？其实，看起来平淡无奇的生活，对小孩子也是充满了挫折，这些挫折来自方方面面。

<< 孩子经常遇到的挫折

在生活方面，不小心摔跤磕到自己，想吃零食不被允许，想接着玩儿被要求睡觉，不想刷牙洗脸但必须做，在外面玩儿被要求回家，生病了要吃药打针，这些都是孩子经常遇到的小挫折。

在学习方面，拼图拼不上，积木倒了，画的画不满意，做的手工不好看，老师提问的时候不会回答，比赛输了等，都会给孩子带来挫败感。

在人际关系方面，想玩小伙伴的玩具但拿不到，在滑梯上被人推了，被霸道的孩子打了，喜欢的小朋友不跟自己玩儿，以及父母过高的期望，对自己过于严厉且疏于照料等，也会让孩子备感挫折。

<< 培养孩子抗挫折能力的方法

对待挫折，父母容易走两个极端：一个极端是心疼孩子，觉得孩子受了莫大的委屈，千方百计地哄他或帮他解决困难，甚至为了不让孩子遭受挫折，对孩子百依百顺，尽量减少不如意的事情；另一个极端是故意不满足孩子的正当要求，或者故意为难孩子，人为地给孩子制造更多的挫折，以为能提高孩子的抗挫折能力。前者会让孩子丧失克服困难的能力，而后者会影响孩子的安全感。

积极的挫折教育方法如下：

第一，建立健康的梯子型亲子关系。

良好的亲子关系是进行挫折教育的基础，能够带给孩子无穷的力量。不管孩子遇到什么困难，只要他认定父母是安全的港湾，爱他、支持他，就会有勇气去面对。梯子型亲子关系的三个要素，指导式参与、渐进式放手和阶段性撤离，都在帮助孩子学会独立的生活学习，关于具体的方法，可以参考第2章的详细介绍。

第二，放手让孩子做力所能及的事情，体验通过自己的努力获得成功。

包办代替是很多父母用来爱孩子的方法，以为为孩子做得多就是爱，但这剥夺了孩子自己尝试体验的机会。孩子的这些尝试和体验可能是努力地扣上扣子，费劲儿地自己穿上鞋，在大人的鼓励下第一次跟陌生的小朋友打招呼，不让父母抱着走到家附近的公园。虽然在大人眼里这是些特别小的事情，但这是孩子经过自己的努力完成的，是他克服更大的困难的底气。

第三，让孩子适当地体验等待和延迟满足。

生活中总有些东西需要等一等，饭太烫了要等一等，妈妈还没回来要等一等，出去吃饭没有位子要等一等。当孩子了解到等一等是生活中的常态，自己的想法和愿望不会总是马上被满足，那孩子的承受能力会不断加强。

日常生活中，父母就可以有意识地让孩子稍微等一等。去游乐场玩儿的时候，让孩子知道，很多小朋友都喜欢玩滑梯，所以大家要排队；在超市结账的时候，让孩子知道，买东西的人很多，我们需要等一等。通过等一等让孩子晚一点儿吃到“棉花糖”，能增强孩子延迟满足的能力。当然，父母不能让孩子干等，要教会孩子在等待的时候可以做些什么事情，比如说个儿歌，数数前面还有几个人，做个小游戏等。

第四，教孩子学会碰到困难时解决问题的方法。

孩子碰到的困难有三类：第一类是孩子做不到，做不到的与孩子的能力有关，比如不会穿衣服，不会拍球，不会写字等；第二类是孩子得不到，得不到与孩子的需要有关，比如父母不让吃零食，不让看电视，不让玩手机等；第三类是孩子不想做的事情必须做，必须做与责任相关，比如必须刷牙，必须收拾玩具，必须安静等。

对于第一类困难，孩子因为能力不够而做不到，父母要把任务分解成小步骤，不断鼓励孩子，这样孩子完成一部分任务后就会产生成就感，成就感会激励孩子再往下一个目标前进。在本章的最后部分，我会着重讲如何让孩子完成困难的事情。

第二类和第三类，父母需要给孩子制订明确的规则，有了规则，孩子就知道什么事情不能做，什么事情必须做，而遵守规则就需要孩子克制自己的欲望，这能很好地培养孩子的自控力。具体的内容请参考第8章。

第五，利用榜样的力量，增强孩子的抗挫折能力。

在孩子眼中，父母是无所不能的，他们对待挫折的态度和行为会潜移默化地影响到孩子，所以父母一定要为孩子树立好榜样，让孩子从自己身上学习如何应对生活中的挫折。父母可以跟孩子分享自己失败的经历，让孩子知道，失败是非常正常的一种状态；还可以给孩子树立一个偶像，这个偶像可能是一个动画人物，也可能是孩子知道的一个人；随着孩子逐渐长大，向孩子讲述一些名人在挫折中成长并获得成功的事例，让孩子以这些名人做榜样，不畏挫折。

如果孩子在幼年时期能接受到积极的挫折教育，就容易理顺受挫的情绪，有不断奋进的心境；如果缺乏积极的挫折教育，孩子长大后一旦遇到比较重大的挫折时，就会爆发“人生危机”。所以父母一定要正视孩子在生活中可能遇到的挫折，用上面的五个方法不断提升孩子抗挫折的能力。

3分钟思考

你怎么对待孩子遇到的挫折和失败？你给孩子做了什么样的榜样？

教孩子正确对待输赢

谈起挫折和失败，必须说输赢。输赢不仅是成人要面对的事情，随着孩子的长大，他也要学习面对。4岁左右，孩子出现了竞争意识，有强烈的愿望希望自己赢、得第一，赢了就兴高采烈，输了就无精打采、大哭大闹，甚至有些孩子只能赢不能输。

如何帮助孩子建立良好的心态，正确地对待输赢呢？

<< 让孩子知道有输有赢是一种常态

父母要在日常生活中随时随地引导孩子认识输赢，比如看球赛的时候，爸爸可以适时地说："这次德国队输了，但是上一次他们是世界杯的冠军。"父母可以给孩子讲一讲，自己在小时候赢过什么，输过什么。这些日常的引导能够让孩子知道，输和赢都是一种正常的状态，没有人能永远赢。就像在2018年的世界杯中，上届冠军德国队居然没有进16强，虽然意外，但是现实。

<< 跟孩子一起玩有输赢结果的游戏

棋类和体育类的游戏，会有明显的输赢结果。父母可以跟孩子一起下棋、比赛跑步或者跳绳。在做这些活动的时候，父母要让孩子有输有赢，刚开始让孩子赢得多一些，输得少一些，以增强孩子的兴趣和自信，逐渐让孩子赢一半输一半。父母输的时候，要给孩子做出良好的榜样，可以表现出不太在意但又准备努力的样子，对孩子说：“唉，这次我输了，下次我一定要努力赢了你。”这些经验都可以让孩子更好地对待输赢。

<< 引导孩子更多地关注过程

输不起的孩子会过分看重结果，一旦结果不如意，往往不能接受。在近几年发生的几起杀害同学的恶性事件中，杀人者往往是因为被害者比自己优秀而动了杀人的念头。所以，父母不要只看到孩子做事情的结果，要多关注过程，关注过程中孩子的进步，并把孩子的进步非常具体地描述出来，让孩子知道他在哪些方面又有了进步。这能帮助孩子以平常的心态看待输赢，把关注点放在过程中，放在自己的进步上。比赛中，成熟的运动员在场上不是默念“我一定要赢，我一定要得冠军”，而是回顾关注每一个动作的技术要领，当关注过程的时候，好的结果自然就出现了。我特别喜欢一句话：“因上努力，果上随缘。”只要自己努力了，那结果就不用关注了。

<< 让孩子至少参加一项体育运动

体育运动除了能锻炼身体，它明显的输赢结果可以让孩子更多地体验竞争的乐趣，了解到竞争的本质：竞争并不是超越他人，而是要尽自己的最大努力追求卓越。当孩子在运动场上每一次都能竭尽全力，他就能对输赢有更深刻的理解。根据孩子的年龄，游泳、轮滑、马术及各种球类都可以选择，体育运动除了能让孩子以更好的心态对待输赢，还能培养孩子的坚毅力。

3分钟思考

你对输赢的态度是什么？你的孩子对输赢的态度是什么？

用对鼓励，避免孩子成为“玻璃心”

有一个幼儿园老师曾经向我咨询过这样一件事情，在一次美术课上，有几个孩子把颜色涂到了外面，老师就对孩子们做了提醒：“眼睛看着自己的笔尖，慢一点儿涂，这样就不会涂在外面了。”老师说完后，有两个孩子开始按照老师提示的方法涂色，另外两个孩子被老师提醒后，很不高兴，其中一个孩子居然哭了。老师也觉得很纳闷：“我只是做了提醒啊，也没有说严厉的话，这个孩子简直就是‘玻璃心’哪！”

<< 为什么有些孩子会有“玻璃心”

第一，跟孩子的气质有关。气质有一个维度是敏感性，指孩子对外界事物的反应，敏感的孩子能觉察到别人觉察不到的事情，容易对别人的语言和行为产生更激烈的反应，别人不经意的表情和语气都会引起敏感孩子内心的波澜。敏感的父母也容易培养出敏感的孩子，一是孩子从父母那里遗传了敏感的基因，二是敏感的父母对人对事过于敏感，容易把小事放大，父母的这些特点也会影响到孩子。

第二，跟父母的教养方式有关，对孩子保护过多容易造成“玻璃心”。有些父母对孩子在生活上过度照顾，过度保护，什么事情都以孩子还小为理由，替孩子挡了很多生活中的风风雨雨，让孩子一直生活在父母的保护之下，会造成孩子的“玻璃心”。

第三，对孩子过多的赞扬也会造成孩子的“玻璃心”。很多家长喜欢对孩子说：“你最棒！”“你是第一。”这样的夸奖和赞扬会让孩子的自我意识和自尊心过度膨胀，一旦他发现自己不是第一，不是最棒的，不接受现实就容易造成“玻璃心”。

<< 父母要鼓励孩子的努力而不是聪明

斯坦福大学曾做过一项著名的实验：研究人员邀请了纽约20所学校的400名孩子，请他们分别完成一个非常简单的智力拼图。几乎所有的孩子都完成得很出色。然后研究人员把这些孩子随机分成了两组，分别给了不同的评价。给A组孩子的评价是“你们很聪明，在拼图方面很有天分”，而给B组孩子的评价是“你们刚才一定非常努力，所以拼图才完成得这么好”。接下来，孩子们开始第二轮拼图测试，这次的拼图分为不同的难度。一种难度大，但能够学到新知识，另一种难度小，和上一轮类似。猜猜看，孩子们会怎么选择？被评价“努力”的孩子，90%都选择了难度大的任务，因为他们相信只要自己不断努力，什么样的难题都能够解决。而被评价“聪明”的孩子，大部分都选择了简单的任务，因为他们不希望自己的成绩不好，那样会让别人觉得自己不够聪明。

实验到这里还没有结束，而是继续进行了两轮测试。在第三轮测试中，题目都很难，所有孩子的成绩都不理想。但“努力”组的孩子在测试中非常投入，想尽各种方法来解决难题，而“聪明”组的孩子在测试中一直很紧张，做不出题目就表现得很沮丧。第四轮测试的题目和第一轮一样简单。“努力”组的孩子整体分数比第一轮提高了30%，而“聪明”组的孩子成绩则很不稳定，大约退步了20%。

实验人员解释说，被鼓励“努力”的孩子，会产生自己可以掌控结果的感觉，他们认为成功与否掌握在自己手中。而被表扬“聪明”的孩子，等于告诉他们成功与否不在自己的掌握中，而在于天赋。在后期长达20年的追踪中，这些孩子形成了这样的推理模式：我很聪明，所以我不需要那么努力用功。由此可见，不同的评价对孩子有很大的影响。

<< 运用正确的鼓励方法

鼓励要注重过程，少评价结果。父母要调整自己的心态，眼睛不要总是盯着孩子没做好的事情，要看到孩子的努力。举个例子，孩子在幼儿园的演出中出了错，妈妈可以说："妈妈看到你一直在努力调整节拍，一点儿也没慌张，如果多练习几次，你肯定能做得更好。"

鼓励的背后需要有积极的心态，在坏事中看到值得肯定的地方。孩子把一杯水洒到了地上，父母可以告诉他："你用两只手端着杯子这很好，因为这样能端得更稳，下次少装点儿水试试看。"这对培养孩子乐观的解释风格也很有帮助。

鼓励要落到具体的细节上。这就要求父母细心观察，少说不走心的表扬话。孩子用积木搭起了一座高楼，可以说："哦，我发现你的高楼上有窗户、避雷针，还有一只小鸟，真的很有趣！"鼓励和赞扬的一个重要区别是，赞扬可以适用于任何场景，比如，"你真棒""你是第一"什么场景说都可以，而鼓励只能用在当前这件事情上，你夸孩子的画好，就不能用在孩子跑步跑得快上。

3分钟思考

你的孩子是"玻璃心"吗？形成的原因是什么？

完成有难度的事情，能提高孩子的坚毅力

给孩子积极的挫折教育，帮助孩子正确地认识输赢，避免让孩子成为“玻璃心”，这些都是在培养孩子坚毅的品质。让孩子做些困难的事情会提高孩子的坚毅力吗？答案是肯定的。

<< 习得性勤奋：勤奋是可以培养出来的

休斯顿大学的心理学家罗伯特·爱因伯格进行了几十项研究，测试做一些困难的事情是否能帮助一个人做其他困难的事情。在这些研究中，老鼠被随机分配做一些困难的事情，比如按20次杠杆就可以得到一团食物；另外一些老鼠则被随机分配做简单的任务，比如按2次杠杆就可以得到同样的奖励。随后，罗伯特给所有老鼠重新分配了一项困难的任务。多次实验后，他发现了相同的结果：与处于“容易的条件下”的老鼠相比，那些需要努力工作才能获得奖励的老鼠在第二项困难的任务中，表现出了更多的活力和忍耐力。

另外一个实验是这样进行的，对于实验组的孩子，当他们取得进步时，迅速增加任务的难度，而对照组的孩子，反复给他们相同的简单任务。然后，再给这些孩子枯燥的抄写任务。实验发现，先前被训练做困难任务的孩子，在抄写任务中更加努力。

这个实验的结论是：通过练习，勤奋是可以被培养出来的，这被称为

"习得性勤奋"，这也说明努力学习工作和获得成果报酬之间的联系是可以学习的。如果没有直接体验到付出与回报之间的联系，无论是老鼠还是人类，都会懒惰。

<< 难事练习能增强孩子的坚毅力

因此，父母要让孩子持续做一些困难的事情，来增强坚毅力，这可以叫作"难事练习"。对于难事练习，艺术和体育之类的课外活动非常合适，我女儿思思学小提琴的过程就是歪打正着的难事练习。

难事练习包括三个部分：

第一部分，家里的每个人，包括父母，都要做一件有难度的事情。所谓有难度的事情，就是这件事情的难度超过了你现在的水平，落在"最近发展区"。最近发展区是心理学家维果茨基提出的概念，指的是孩子现有的水平和在成人指导下达到的水平之间的差距，这个差距会通过每天的刻意练习不断缩小。随着孩子水平的提高，他能做到的事情的难度也不断提高，这是一个螺旋上升的过程。

思思学小提琴就是这样一件有难度的事情，她开始学琴时是5岁多。有很多数据证明，5岁多的孩子在专业老师的指导下，是可以学会拉小提琴的，但是学会拉小提琴，需要每天刻意练习。

第二部分，让孩子自己选择对他有难度的事情。在选择的时候，父母要和孩子一起讨论，帮助孩子了解要选择的事情是什么样子的。这是让孩子知道，没有人会为他选择，做一件自己根本就不感兴趣的事情是没有意义的。

小提琴是思思自己选择的。在确定学习什么乐器之前，我们带思思看了钢琴、小提琴、古筝等乐器，也让她听了各种乐器的声音。有一次，思思在一部动画片里看到有小朋友在拉小提琴，那个画面让她感觉非常美好，于是她决定学小提琴。可是，学了小提琴后思思才发现，小提琴除了右手拉弓，左手还要按弦，把手指按在硬硬的弦上是很疼的。

第三部分，孩子可以退出，但不能放弃。退出可以在一些停止点上，比如，一个学期结束、学费上涨或其他一些“自然”停止点。在孩子承诺的时间段里，他必须完成自己开始做的那件事，也就是说，孩子不能在老师批评他的那天退出，不能在觉得困难的时间退出，更不能因为某一天感觉很糟糕就不干了。孩子坚持的这段时间根据年龄有所不同，一般来讲，三四岁的孩子可以坚持3个月，五六岁的孩子可以坚持一学期，随着孩子年龄的增大，坚持的时间不断延长。

思思小时候学小提琴不到2个月，就闹着不想学了。原因有两个，一是左手按弦很疼，这一点我亲自试过，确实疼；二是初学琴声很难听。我一度认为是思思的小提琴不够贵，所以声音不好听，后来听到老师用她的小提琴拉曲子，声音也很美妙，才知道小提琴的音色跟拉琴的水平关系很大。在这2个月里，没有人能感受到音乐的美妙，相反，小提琴给全家人带来的都是痛苦。

在这件事情上，我的观点是教导孩子有始有终地完成一件事情非常重要，所以我一直鼓励思思把小提琴坚持学下去，本来学习乐器就不是容易的事情。为了让思思坚持下去，我把每周一次课调整成每两周一次课，换了更好的老师，给她创造各种条件上台表演，增强她的学习兴趣。就这样磕磕绊绊地到了小学三年级，那一年是学琴过程中最艰难的时期，每天的练琴时间都伴随着孩子哭大人叫，思思对小提琴的排斥也达到了新的高度。

但是，如果在这个时间停止学琴，思思就会形成这样的观念：有困难就可以放弃，不用坚持。为了能坚持下去，我非常正式地跟思思做了一次谈话，表达出我理解学习小提琴是非常难的事情，赞扬思思在学琴的过程中付出的努力和收获的成果，比如自信心、上台表演的乐趣等。同时告诉思思，现在放弃学琴非常可惜，以前的努力和时间很可能就白费了。经过这次沟通，我们达成了一致意见：等到达一个阶段后，思思可以决定是否继续学琴，最后，思思决定等她考到六级后就不再学琴了。有了这样的目标后，思思好像看到了光明，每次练琴就没有那么抗拒了。实际上，思思考过六级后还在继续学琴，初二下学期由于学校的功课太繁忙才停止学琴。直到现在，她有空的时候还会拿出小提琴，拉一拉自己喜欢的曲子。

这不是让孩子在困难的时候放弃，而是在合适的时间结束。任何选择都有利有弊，有的时候结束是当时最好的选择，不管什么情况坚持完成所有开始做的事情，可能会让孩子错失其他更好的机会。我在前面的章节也说过，思思在音乐上的天赋只能说一般，她更喜欢绘画，我经常想，如果当时思思没有学小提琴而是学习了绘画是不是会更好呢？只是人生没有那么多如果。

但是，学习小提琴的这段经历极大地锻炼了思思的坚毅力，后来在学习上遇到困难的时候，思思都会说："这比学小提琴容易多了。"我想，后来她能在很多事情上愿意尽自己最大的努力，就是因为体验过通过自己的努力克服困难的快乐，在学琴的过程中得到了很好的锻炼。而我从那个时候喜欢上了古典音乐，这些音乐给我带来了美妙的享受。

难事练习能够不断地提高孩子的能力，锻炼孩子的坚毅力。我在很多演讲中提到过，6岁以前一定要让孩子有克服困难的经验，这样的经验会成为孩子遇到更大困难时自信的来源。

3分钟思考

你的孩子有过克服困难做一件事情的经验吗？你准备给孩子什么样的难事练习？

培养坚毅孩子的两个重要因素

除了上面讲到的培养孩子坚毅品质的各种方法，要培养一个坚毅的孩子，有两个因素非常重要，一个是明智的父母，另一个是家庭外的支持系统。

<< 明智的父母有两个特性：高支持和高要求

研究证明，高支持和高要求并存的明智型教育模式，能够培养出更优秀的孩子，让孩子变得更坚毅。明智的父母能准确地判断孩子的心理需求，他们认可孩子需要被关爱和接纳，同时也需要被教导；明智的父母会给孩子制订规则和纪律，这样孩子就能生活在明确的规则和道德准则之下；明智的父母向孩子解释自己的理由，这样孩子就会知道边界在哪里。

我的一个同事慧兰，在对孩子支持和要求这两个方面都做得非常好。虽然是高龄产子，但是她没有一般的高龄妈妈对孩子的溺爱，从孩子1岁多开始，就对孩子的生活习惯有明确的要求。慧兰跟我讲过纠正儿子睡觉问题的过程：每次夜里儿子哭闹的时候，她在确认过儿子没有身体不舒服的情况后，让他学自己入睡。这个过程有时候需要一个多小时，儿子在不断地哭，她不断地安抚，但是慧兰坚持自己的原则，让儿子学会自己入睡。终于，在经历了1个多月的挣扎以后，儿子能安心睡觉了。

慧兰对儿子的支持也很到位，当儿子在外面被小伙伴欺负了，她第一时间安抚儿子的情绪，永远是儿子温暖的港湾；慧兰尊重儿子的兴趣，儿子喜欢游泳，虽然游泳馆离家很远，但不管冬天夏天她坚持送儿子去游泳；儿子喜欢博物馆，慧兰带儿子走遍了北京所有的博物馆。慧兰是明智家长的典范，她身体力行了对孩子的高要求和高支持，而且自己也是一位有成就的职业女性。

如果父母想让孩子具备坚毅的品质，就要先自问一下，对于自己的生活目标，有多少激情和毅力。然后再问问自己，你的教育方式有多大可能去鼓励孩子效仿你。如果你对第一个问题的答案是“很多”，对第二个问题的答案是“很大”，那么说明你已经在培养一个坚毅的孩子了。

<< 家庭外的支持系统能弥补父母的不足

培养坚毅的孩子，仅有明智的父母还不够，因为大多数父母对自己的孩子很难狠下心来，逼孩子挑战更高的目标。所以，家庭外的支持系统能够弥补父母在这方面的不足。

家庭外的支持系统，包括孩子的一个榜样，一位权威而善良的老师，以及一群优秀的同学。这些人共同向孩子展示了人生的可能性，并帮助孩子发掘自己的潜力。

一位优秀的芭蕾舞老师、运动教练或乐器老师都能够帮助孩子培养坚毅的品质。如果说坚毅是在某个目标上的长期坚持，而课外活动是一种培养坚毅品质的有效方式，特别是当孩子参与某项课外活动的时间超过一年时，他将非常受益。

权威的老师在很大程度上可以改变学生的人生。有些家庭条件不好的孩子，如果在学校遇到了一位很棒的老师，他就能看到自己的潜力和人生的另一种可能。如果孩子生命中有一个人，以正确的方式在正确的时间，鼓励他树立更高的人生目标，并给予他信心和支持，那孩子的坚毅力会不断增强。

3分钟思考

你对孩子的要求和支持各处在什么水平？在家庭外的支持系统中，最重要的角色是谁？

CHAPTER 11

入园和入学：孩子6岁前两个重要的转折

孩子进入幼儿园或者小学后，家庭跟学校之间的关系变得日益重要。研究表明，孩子的学习能力不仅取决于学校的教学，也取决于父母对学习活动的重视程度、与教师协商合作的程度。如果父母能跟学校建立正向积极的沟通，对孩子在学校的成长有很大帮助。

所以，父母尽最大努力帮助孩子做好转折时期的相应准备，努力与幼儿园和学校保持正向积极的沟通，孩子的发展就可以实现最优化。

导读

6岁以前，孩子会经历两个重要的转折：一个是3岁从家庭进入幼儿园，另一个是6岁从幼儿园进入小学。从家庭到幼儿园，从幼儿园到小学，孩子生活和学习的环境发生了很大的变化，对孩子能力的要求也发生了变化。很多孩子会因为准备不足，不能适应下一个阶段的学习和生活。

要适应幼儿园和小学的生活，孩子需要具备三类能力。第一，孩子要有主动学习的能力，保持好奇心和兴趣，学习探究知识；第二，孩子要有人际交往能力，表达自己的想法和需求，学习情绪管理，友好地与别人交往；第三，孩子要有自我管理能力，承担自己的责任，控制自己的行为，遇到困难乐观对待，并且坚持下去。

转折时期对孩子挑战很大，为下一个阶段做好准备是父母和孩子的共同任务。

幼儿园生活对孩子的挑战

我问过很多孩子，幼儿园是个什么地方？有的孩子说，幼儿园有好多朋友；有的孩子说，幼儿园有好多玩具；还有的孩子说，幼儿园有好多老师……作为孩子第一次离开父母所生活的集体环境，幼儿园跟家庭有很多不同，而这些不同也对孩子产生了一些挑战。

<< 从亲子关系变成了师生关系和同伴关系

有一次，一个家长因为4岁的孩子坚决不上幼儿园来找我咨询。经过仔细询问，我才知道幼儿园有一个小朋友总是欺负他，抢他的玩具，故意推他，有时候还会把他推到地上。这个孩子既不能自己解决这个问题，又不敢告诉老师，就用不上幼儿园的方法来逃避。

孩子上幼儿园后，从家庭生活进入集体生活，亲子关系变成了师生关系和同伴关系。在家里，主要是大人和孩子交往，一个孩子对两个以上的大人，不会出现抢玩具、打架等矛盾；进入幼儿园后，三个大人对二三十个孩子，小朋友之间会有矛盾，玩具被别人抢走了，被别人打了，都会给孩子带来不愉快的感受。

于是，学会与小朋友交往、处理与小伙伴之间的矛盾是孩子在幼儿园需要完成的首要任务。孩子要完成这两个任务，就需要具备比较好的表达能力、情绪管理能力和社会交往能力，这些能力被称为“人际关系能力”，我在第5章、第6章和第7章都详细介绍过。

<< 要求孩子进行初步的自我管理

对于什么事情可以做，什么事情不可以做，幼儿园都有明确的规则，要求孩子有初步的自控力。如果孩子在家里有规矩，知道哪些事情可以做，哪些事情不可以做，他会更容易适应幼儿园；如果孩子在家里是“小皇帝”，无法无天，上了幼儿园，他会觉得受到很大约束，不舒服不自在。这种被约束的感受来自家庭和幼儿园之间的差距，差距越大，孩子的感受会越差。

幼儿园的生活很规律，集体活动、区域活动、生活活动和户外活动交替进行，一天的学习和生活相对固定，什么时间干什么事情基本上都是确定的。对于在家里生活不规律的孩子，特别是那些起床睡觉吃饭时间都不固定的孩子，一旦进入了什么事情都有固定时间的幼儿园，就容易不适应。

孩子在幼儿园需要完成自己的事情，自己吃饭、睡觉、上厕所、穿脱衣服、整理玩具等，而在家里，大多数事情是父母帮孩子做的，特别是在溺爱的家庭里，孩子被照顾得非常周到，生活自理能力更差。

在幼儿园，孩子需要学会承担自己的责任，控制自己的行为，遇到困难的时候坚持下去，这些能力被称为“自我管理能力”，我在第8章、第9章和第10章也详细介绍过。

<< 要求孩子探究学习

孩子在幼儿园的活动与在家里的活动有明显的不同，在家里，孩子一般都是自发地游戏和学习，玩玩具，看看书，没有系统性。虽然幼儿园以游戏教学为主，但是有明确的主题和学习任务，比如，老师会让孩子探究自己的身体，自己有哪些身体部位，这些身体部位有什么样的功能，怎么保护自己的身体；在季节变换的时候，老师带孩子去学习了解不同季节的特点。

幼儿园强调一日生活皆教育，孩子在老师的带领下，学习探究；在集体教育活动中，孩子要听老师的讲解，与老师互动，回答老师提出的问题；在区域活动和小组活动中，孩子要学习与小朋友合作，一起完成任务，解决问题。这需要孩子有主动学习能力，保持自己的好奇心和兴趣，为以后的学习打下良好的基础。这部分能力我在第4章详细讲解过。

3分钟思考

对你的孩子来讲，幼儿园生活最大的挑战是什么？

刚入园孩子的分离焦虑程度与依恋类型有关

分离焦虑是孩子在成长过程中出现的一种情绪状态，最早出现在孩子半岁左右。这个时候，孩子开始分清楚熟悉的人和陌生人，在熟悉的人（比如妈妈）离开时，就会出现分离焦虑。分离焦虑在孩子1岁半的时候达到高峰，然后逐渐缓解。

孩子在刚入园时的哭闹跟分离焦虑有关。我观察过很多新入园的孩子，分离焦虑不严重的孩子适应最快，有的孩子差不多一两周就可以适应；而分离焦虑严重的孩子适应得很慢，有的孩子上幼儿园后哭了半年。

为什么孩子分离焦虑的程度有这么大区别呢？

这与亲子依恋的类型有关。与父母建立了安全型依恋的孩子需要比较短的适应时间，这类孩子一旦熟悉了幼儿园的生活，就能适应了。回避型依恋的孩子因为没有跟父母建立强烈的依恋关系，哭闹的时间也很短，甚至有些孩子刚入园的时候不哭，但这并不是因为他们真正适应了幼儿园，只是把自己的焦虑隐藏了起来。

分离焦虑最严重的是反抗型依恋和混合型依恋，因为在这两类依恋类型中，父母不能给孩子明确的安全信号，同样的情况父母的反应很不一样，造成这些孩子本身的安全感就不足。当孩子进入幼儿园这个陌生的环境后，更是无所适从。他们要花很长时间才能明白，父母把他们送到幼儿园，并不是不要他们了，也不是因为他们做了什么不好的事情，所以，适应时间就变得很长。

亲子依恋的类型虽然在短时间内很难改变，但是从现在开始，只要父母做一些努力，亲子关系就会不断往好的方向发展。具体的方法可以参考第2章的梯子型亲子关系。

3分钟练习

从现在开始，父母学习给孩子明确的安全信号，这有助于建立安全的亲子依恋。

如何帮助孩子适应幼儿园生活

幼儿园是孩子走出家庭进入的第一个社会环境和集体环境，父母如果能够提前做些准备，孩子的入园过程就会变得更加顺利。

<< 帮助孩子克服分离焦虑

第一，和孩子建立再见的仪式。

比如，在孩子小脸蛋上亲两下，告诉孩子“妈妈要上班去了，到你吃晚饭的时候，我就会回来了”，然后说再见。从现在起，每次要离开孩子前，父母都要这样做，并且一定要在你说好的时间里回来，目的是让孩子对这个再见仪式感到安心。等到需要在幼儿园门口告别时，孩子虽然还会难过、不舍、哭闹，但是因为记着你承诺的再见时间，他也笃定地知道“妈妈说吃过晚饭来接我，就一定会来接我”。

第二，用绘本帮助孩子找到克服分离焦虑的方法。

有一本绘本《我不想离开你》，讲的是小袋鼠一天天长大了，袋鼠妈妈的育儿袋越来越沉，就要装不下他了。妈妈鼓励小袋鼠走出育儿袋，去探索美妙的世界，可小袋鼠总是跳回育儿袋，不愿意离开妈妈。

另外一本书《魔法亲亲》，讲的是小浣熊不愿意去上学，因为他不愿意离开妈妈去一个陌生的环境，妈妈向他保证，他一定会喜欢新学校，并告诉他一个秘密——魔法亲亲，有了这个魔法亲亲，每当小浣熊在学校感到孤独的时候，把掌心轻按在脸颊，妈妈的吻就会温暖他的心，小浣熊就不会再孤独和害怕了。

这些绘本都通过有趣的故事，站在孩子的角度上，帮他们找到克服分离焦虑的方法。

第三，设计一个小对话，提醒孩子你总是会回来的。

父母可以在孩子说“爸爸妈妈不走”的时候问孩子：“爸爸妈妈离开之后会做什么？”并且告诉孩子答案是：“爸爸妈妈会回来。”父母经常在轻松的氛围下和孩子练习这个小对话，当你们必须在幼儿园门口分开时，这个对话会给孩子带来正面的心理暗示。

第四，创造一些机会让孩子适应分离。

父母可以把孩子送去祖父母家，早上送去，晚上接回来。如果特别信任的密友家里也有年纪相仿的孩子，那父母可以找机会把孩子托管给密友几小时。这些分离，都会让孩子逐渐建立“爸爸妈妈不在，我也可以过得很好，爸爸妈妈肯定会来接我”的信念。

<< 提高孩子适应环境的能力

第一，给孩子创设丰富的生活环境。

经常宅在家里、活动半径不超过1公里的孩子，因为生活环境不够丰富，孩子的环境适应能力会比较差，除非孩子的先天气质喜欢新鲜刺激。所以，平时要多带孩子走出去，到公园、游乐场、动物园、博物馆、邻居家、亲戚朋友家，扩大孩子的生活范围。还可以带孩子出去做短途和长途旅行，这也会大大丰富孩子的生活环境。丰富的环境不仅能提高孩子的适应能力，还能激发孩子的好奇心和兴趣。

第二，让孩子适应和不同的人相处。

父母要让家里所有的成员，包括妈妈、爸爸、老人等，都参与照顾孩子，尝试让孩子和每一个家庭成员有单独相处的机会。家里有其他成年人的时候，妈妈可以让孩子去和其他家人玩儿，自己去做一些别的事情。当孩子找妈妈的时候，妈妈用声音回应："妈妈在呢，我正在做饭（或其他事），你先和奶奶（或其他人）玩儿一会儿，我做好饭就去陪你。"

对于特别黏妈妈的孩子，妈妈更要创造机会，逐渐"后撤"，让孩子慢慢体会和适应与妈妈分离。妈妈可以把孩子托付给家里其他可以承担照顾责任的人，然后外出去做一些自己的事，外出的时间先从2小时开始，逐渐增加到3～4小时，再到一整天，让孩子学着慢慢接受"我和妈妈分开，也会有别人来照顾我，妈妈还会回到我身边"。

妈妈离开时，要确保照顾孩子的人，知道如何照顾孩子的日常起居，让孩子的生活和平时基本保持一致。每次妈妈和孩子分开，不论时间长短，要提前告诉孩子，和孩子说再见，千万不要偷偷溜走。

第三，给孩子创造见陌生人的机会。

孩子怕生，往往是因为见过的生人太少。在日常生活中，多创造机会，让孩子有机会接触陌生人。例如，请朋友到家里来做客，或者带孩子去别人家做客，再或者约上几家人，一起出去玩儿。在这些场合下，不要催促孩子和陌生人打招呼，而是做好示范和引导。如果孩子暂时不愿意开口，爸爸妈妈别着急，继续若无其事地和朋友交谈就好了。如果孩子总想黏在你身边，你可以告诉他："现在我要和阿姨说几句话，你先等我几分钟，我很快就来听你说好吗？"允许孩子在你身边待着，你可以用手搭在他的肩上，或者搂着他。

当孩子不被催促训斥，没有成为众人的焦点，也没有被故意冷落的时候，他会感觉很自在，更快放松下来，反而容易和陌生人开始进行简单的交流。

<< 提高孩子的表达能力

第一，鼓励孩子做出回应。

能不能快速、准确地对别人的指令做出回应，是判断孩子语言理解能力和注意力水平的重要依据。对于那些对大人说的话总是像没听见一样，没有反应的孩子，可以多次提问，并伴随动作，帮助孩子理解你的问题。比如父母问孩子："你想去玩滑梯吗？"孩子如果没什么反应，父母可以用手指着滑梯，或者把孩子带到滑梯前，再问他："你想玩滑梯吗？"有时候孩子没有马上回答，是在思考要怎么回答。父母别着急，给孩子一点儿时间，让他想好了再回答。如果孩子点头，或者回答"嗯"，父母要引导孩子说"我想玩滑梯"，鼓励孩子把这句话说出来。如果他说出来了，父母要夸奖他说得很好，然后再让他去玩滑梯。

第二，让孩子按照你的指令去行动。

父母对孩子说"把积木收进盒子里"，如果孩子没有反应，父母可以把他带到积木前，自己先开始捡积木，捡过几块之后，再对孩子说"来，我们把积木收进盒子里"，这样，孩子更容易按照父母的指令做。

当父母对孩子说了一项指令，例如"请把书放到书架上"，之后要跟进孩子的完成情况，问他："你把书放回书架去了吗？"让孩子回答"放回去了"或"没有放回去"。当孩子能够完成一项指令的时候，父母可以同时发出两项、三项，甚至四项动作的指令，让孩子去完成。可以先从孩子熟悉的动作指令开始。例如孩子已经对"穿鞋""出去玩儿"很熟悉，父母可以同时说"穿好鞋，我们要出去玩儿了"。

第三，教孩子用语言表达自己的需求。

有的孩子遇到需要大人帮忙的事情，不说话，而是"嗯嗯啊啊"，或者指给大人看，或者直接哭起来。这时候，父母要假装听不懂。很多父母都特别了解孩子，孩子一抬手就知道他要什么，孩子一嗯啊就知道他想说什么，孩子的需求很容易就能被满足，他根本不需要靠语言来表达自己。所以，父母不妨学学装傻，如果孩子“嗯嗯啊啊”，父母表示不明白，告诉他“你得说出来，爸爸妈妈才知道你要什么”。

如果孩子不肯说，那父母就故意做一些错误回应，比如他要玩球，却给他一辆玩具小汽车。即使孩子哭了，父母也别心软，轻易就满足孩子，可以安抚孩子，说“爸爸妈妈知道你着急了，可爸爸妈妈是真的不知道你想要什么，你告诉爸爸妈妈好吗？你是想要苹果吗？想要小汽车吗……”提示孩子，直到猜中孩子的意图，孩子点头，父母还是要求他自己说一遍。如果孩子照做了，一定记得及时鼓励他。

父母平时还可以有意识地教孩子做一些语言表达练习。“告诉爸爸，你想干什么？”“你刚才在玩什么呀，给爸爸讲讲好吗？”……

<< 锻炼孩子的生活自理能力

生活自理能力强的孩子在幼儿园有更多的自主性，他们能自己吃饭、自己穿衣服、自己上厕所，而不会自己做事情的孩子需要老师帮忙，不会吃饭的孩子要依靠老师来喂，老师的表情、语气和动作都会对孩子的情绪产生影响。如果孩子胆子小不敢跟老师说，或者不会跟老师说，那幼儿园的生活更是充满了不确定性，孩子就会更不喜欢幼儿园。生活自理能力强的孩子因为受到老师的重视和赞扬，也有更多的成就感。

入园前要锻炼的生活自理能力包括让孩子学会吃饭、喝水、穿脱衣服、上厕所、简单地整理自己的物品等。

在微信公众号“喵姐早教说会员号”里，有一个“入园适应智能教练”的项目，根据孩子的现有水平，给每个孩子提供个性化的入园适应解决方案。我在上面提到的每一项能力的培养，都有详细的方法和指导。除了上面的内容外，还涉及入园适应的方方面面，非常实用。

当孩子上幼儿园的时候，请根据自己孩子的情况，帮助孩子做好入园准备。

成为小学生对孩子的挑战

6岁前孩子要面对的另一个重要转折是进入小学，对很多孩子来讲，幼儿园和小学之间好像有一个很高的台阶，爬上去有难度。孩子成为小学生，挑战来自两方面：小学的学习环境和社交环境与幼儿园有很大不同。

小学的学习环境与幼儿园有很大不同。幼儿园以游戏学习为主，小学是正式学习，完成学业成为孩子的主要任务。小学要求孩子上课认真听讲，放学后要完成作业。同时，大人对孩子的期望和要求也发生了很大变化，脑补一下这个画面，6月底孩子从幼儿园毕业的时候，父母对孩子的学习还没有什么要求，9月1日开学后，父母就要求孩子成为上课认真听讲，回家后积极完成作业的小学生。

小学的社交环境与幼儿园也有很大不同。幼儿园的班级里，三个或四个老师一天到晚跟孩子在一起，吃喝拉撒睡全管，孩子所有的活动都在老师的视线内，而且班级里有很多玩具，孩子们总有事情做。上了小学以后，各科老师只是在上课的时候才会到教室来，班主任关注多一些，但也不会时时刻刻盯在教室里。教室里没有玩具，只有黑板和学习用品。课间的时候，整个教室和走廊里一般都没有老师，基本上是孩子们自由活动。

在学校里，孩子们之间的纠纷大多数是在自由活动时间发生的，随着孩子逐渐长大，学校中欺负、排挤，甚至霸凌出现的情况也越来越多，社会交往的环境变得更复杂，对孩子社交能力的要求也越来越高。很多孩子是因为在学校交不到朋友，不喜欢上学，从而影响了学习成绩。

联合国儿童基金会和原国家教委幼教处曾经进行过幼儿园与小学衔接的研究，结果发现：超过40%的孩子入学后存在学习适应性和社会适应性严重不足的问题；如果学前期能为幼儿做好社会适应性与抽象逻辑思维的准备，在小学低年级又不在这两方面对幼儿提出过高要求，则幼儿进入小学后面临的学习适应困难和社会适应困难均可克服。

3分钟思考

上小学，对你孩子的挑战主要来自哪方面？

为孩子进入小学做好准备

在孩子入学前做好准备，能把幼儿园和小学之间的高台阶变成一个缓坡，减少孩子不适应的情况。入学准备主要包括两方面的内容：学习适应和社会适应。

<< 为小学做好学习适应准备

很多家长非常重视孩子的知识准备，让孩子学拼音、认汉字、做数学题，但是知识准备应适可而止，过多的知识学习、不科学的学习方式会影响孩子入学后的学习兴趣。学习适应准备包括下面的内容：

培养孩子的学习兴趣

兴趣是主动学习的基础，有学习兴趣的孩子，成绩都不会差。父母为孩子提供多种学习材料、对孩子所学内容表现出兴趣、不断鼓励孩子，都可以增强孩子的兴趣。关于培养学习兴趣的具体方法，可以参考第4章。

培养孩子的学习习惯

在孩子刚上小学的这段时间，学习习惯的培养非常重要。这些习惯包括上课专心听讲、认真阅读、不懂的问题问老师或者家长、把重要的事项记下来、做完作业后检查等。在培养学习习惯方面，父母要向孩子提出明确的、具体的要求，让孩子知道应该怎么做，孩子做到了以后要鼓励，没做到的继续要求，直到形成习惯。

培养孩子的自我管理能力

这些能力包括做好计划和时间管理。我建议父母与孩子一起做个计划，来安排孩子每天放学后的这段时间。这个计划包括回家后先做什么、后做什么，把学习、吃饭、玩儿和睡前准备等都安排好，具体方法可以参考第8章生活常规表的做法。父母要鼓励孩子按照自己的计划完成每天的任务。这个计划可以从幼儿园大班开始实行，通过计划帮助孩子学会管理自己的时间。

<< 为小学做好社会适应准备

培养孩子的社交能力

在社会适应方面，引导孩子要主动去跟别的同学交往，对于内向的不善于社交的孩子，父母更要多关注、多鼓励，同时要给他们适应的时间。千万不要觉得，孩子在幼儿园的生活已经很自如了，进入小学也会没问题。

我女儿思思在小学的社会适应方面就出现过问题。刚上学没多久，她跟我说："妈妈，我不想上学，我在学校没有朋友。"她上的小学，没有一个幼儿园同学，全部都是陌生的同学。思思是个内向的孩子，也不敢主动去结交朋友，课间就无聊地坐在自己的座位上，如果有同学来找她，她会很高兴地跟同学玩儿；如果没有同学来找她，她就在自己的座位上坐一个课间。这样的感受让她对学校很没有好感，每天都说不想上学。

我了解后，就问她："你认识你们班多少个同学了？"思思说了几个名字。我又问她："你明天想跟哪个同学玩儿？"她会说出自己喜欢的同学的名字。我鼓励思思，让她明天下课后，主动去找自己喜欢的同学玩儿。思思很犹豫，明显看得出来她想做，但是又不敢。我问思思："你担心什么？"思思说："我担心同学拒绝，不跟我玩儿。"我启发思思："如果她不跟你玩儿，你可以再去找其他的同学吗？”思思想了想说：“可以，如果这个同学不跟我玩儿，我就去找另外一个同学。”

这次谈话是在晚上睡前进行的，第二天一早我送思思到学校门口，还会再问她一次：“你今天要去找谁玩儿？”思思会重复她昨天说的同学的名字。

这样的谈话大约持续了一个学期，我不断鼓励思思主动去找别的同学玩儿。放寒假的时候，思思特别高兴地跟我说，一个同学邀请她去家里玩儿。终于，思思在小学也有了自己的好朋友。

培养孩子的规则和纪律意识

孩子在社会适应方面，另一个比较容易出现的问题是规则和纪律。学校非常重视纪律，比如上课要认真听讲，不能随便说话，回答问题要举手等，以保证正常的教学秩序。而刚入学的孩子规则和纪律意识不强，自控力较差，经常被批评。所以在日常生活中，父母要有意识地培养孩子的规则和纪律意识。

家里要有规则。让孩子知道哪些事情可以做，哪些事情不可以做，比如吃饭的时候不看电视、不玩玩具，要专心做作业，不能边玩儿边做，具体的规则和培养规则的方法在第8章已经讲解过。

引导孩子遵守公众规则和纪律。在生活中，随时随地地告诉孩子人多的时候要排队，过马路要看红绿灯、走斑马线和过街天桥。带孩子在图书馆、电影院和剧院等公众场所时，要提醒孩子小声说话，以免打扰到别人。

培养任务意识

从幼儿园大班开始，就要让孩子认识到，完成学校的学习和作业是自己的任务。另外，家务活儿是培养孩子任务意识的重要方式，可以在吃完饭以后，让孩子把碗收到厨房；每天晚上，孩子自己收拾书包、玩具。孩子完成任务后，父母一定要鼓励孩子，可以给孩子一个大大的拥抱，夸赞孩子说，他长成大孩子了，会自己做事情了。这些鼓励能让孩子更喜欢完成自己的任务。

做好学习适应和社会适应准备，对孩子喜欢上学非常有帮助，这样，孩子就能在小学有一个良好的开端。

为上小学做准备，从幼儿园大班就可以开始了，准备得越充分，孩子的适应就会越好。父母在生活中可以多做这样的准备。

父母要不要陪孩子做作业

孩子上学后，父母就多了一项工作，陪着孩子做作业，甚至有新闻报道称，小学生的妈妈因为陪做作业而做了心脏支架，可见陪做作业对父母还是很有压力的。那对于孩子的作业，正确的打开方式是什么？

◆ 第一，帮孩子做好做作业的准备。教孩子做好计划，确定先写什么后写什么，然后把需要的书、作业本、铅笔和橡皮放在桌子上，其他不需要的东西收好，以免分心。写完一科检查后收起来，再写下一科。

◆ 第二，隔十几分钟看一下孩子做作业的状况。孩子做作业的时候，父母不要一直坐在孩子身边，只需要隔一段时间去看一下就行了。发现孩子做得好的地方父母要马上鼓励，哪怕只有一个字写得很工整，父母要找出这个好的字，对孩子说："这个字写得很工整，如果其他的字都像这个字就好了。"如果发现孩子的握笔姿势和其他的问题，要提醒改正。注意提醒的次数不要太多，以免引起孩子的逆反情绪。

◆ 第三，教孩子学会检查的方法。很多父母跟我说，每天都问孩子检查作业了吗，孩子都会说检查过了，可是父母一看，还有很多错的。对于检查这件事情，孩子不是无师自通的，他认为的检查，就是看一下。这需要父母教会孩子检查的方法：对于抄写的作业，要看一眼课本，再看一眼作业本，确保写的都是正确的；对于数学题，检查意味着要重新做一遍。如果父母发现了错误，而孩子没有发现，可以提醒孩子再看看这个字或者这道题，逐渐让孩子养成检查的好习惯。

当孩子自己检查完了，需要父母签字的时候，你只管签字就行，不要担心有错，如果错了，老师会让孩子去改正，这样也会让孩子下一次好好检查。

特别提醒一下，辅导孩子做作业的时候，父母一定要摆正自己的心态。因为小学一年级的功课，对父母来讲简直太简单了，父母绝对可以成为专家。所以，当孩子不明白或者短时间不能理解的时候，父母有时会变得很暴躁。以同理心思考一下，当你进入一个一无所知的领域，这个领域的专家所熟识的知识，对你来讲，是不是一样很难？有了这样的心态，父母就可以在辅导孩子做作业的时候更有耐心了。

3分钟思考

你觉得陪孩子做作业，最重要的任务是什么？

关注孩子的学习品质

根据我跟诸多父母打交道的经验，几乎所有家长都关注孩子的学习结果，我一直跟家长强调，要关注孩子的学习过程，而在学习过程中，要关注孩子的学习品质。教育部颁布的《3～6岁儿童学习和发展指南》中，强调要重视儿童的学习品质。学习品质不是指孩子所要获得的那些知识、技能本身，而是孩子自己怎样去获得各种知识、技能，即孩子在活动和学习过程中表现出的积极态度和良好行为倾向，这是终身学习与发展所必需的宝贵品质。

我们要关注孩子的哪些学习品质呢?

好奇心与学习兴趣

好奇心与学习兴趣指孩子在面对新的人、事、物时，有进一步学习、探索的兴趣，体现了孩子对新的信息、新的知识的渴望。面对新东西的倾向性，能反映孩子好奇与感兴趣的程度，这会通过提问、对自然事物的态度、对人的态度、对社会事件的态度表现出来。具体内容请参考第4章。

主动性

调查发现，孩子是否具有学习和交往的主动性、积极性，将极大影响孩子的入学准备与适应状况。

孩子学习主动性的重要表现之一是面对任务的态度。比如，是否肯接受任务，是否愿意参与各种学习活动，在学习新东西时是否主动投入等。

在这里，需要解释两点：一是关于任务的性质。任务可以分为两类，一类是孩子喜欢、愿意接受的任务。当面对这样的任务时，孩子总能表现出极大的积极性，如喜欢玩的游戏。另一类是孩子并不非常喜欢，但是必须完成的任务，如收拾玩具等。这两类任务都能反映儿童的主动程度。

二是关于任务的风险。任何一项任务都有一定的风险存在，比如可能失败的风险等。孩子对风险的态度能够很好地反映出孩子的主动性水平。要注意的是，这里所说的风险是指合理冒险，即孩子敢于尝试某些有一定难度、有一定挑战性的活动。这些活动既可能成功，也可能失败。鲁莽、粗心不是主动性的表现。

另一个考察孩子学习主动性的角度是目标意识，包括设立目标、形成计划、实施计划的能力。目标是主动性的核心要素，对于学龄前儿童来说，有计划意识，能够制订计划并根据计划行动，既是孩子学习主动性的表现，也是孩子有良好学习习惯的表现。

坚持与专注

上学前是培养孩子坚持与专注品质的重要时期，不过，这个时期孩子的坚持与专注品质还在发展之中，坚持与专注的时间都不宜过长、过强。坚持和专注具体表现为在完成任务的过程中能够坚持，能够集中注意力，不容易被干扰或感到沮丧等。

孩子在完成任务的过程中会表现出坚持性，这种坚持性表现在三方面。一是孩子是否能够有头有尾地做好事情；二是如果在完成任务的过程中遇到不顺利的情况，孩子会有什么样的表现，比如，遇到困难或失败，孩子是否愿意继续尝试？三是对需持续一段时间的任务，孩子的行为表现如何。那些需持续一周、一个月的活动，能够非常明显地反映出儿童的坚持性。

关于孩子的专注性，除了要关注专注的时间长短外，还可以关注专注的程度。比如，是否需要提醒、督促，活动过程中有没有不专心的行为表现。要注意的是，一定要注意区分孩子当时的活动。孩子对自己喜欢的活动，如看动画片、打电子游戏，自然会相当专注。考察孩子的专注性，是要考察孩子在那些需要付出努力、需要专注才能完成的活动中的表现。

想象与创造

学习品质所指的想象与创造，并不完全指孩子的想象力与创造力。作为一种学习品质强调的是，孩子能够利用想象等拓展知识，进行新的学习。孩子可能拥有很高的想象力与创造力，但并不意味着他善于利用自己的这种能力来进行新的学习。比如，孩子敢不敢想象与创造呢？再比如，在解决问题遇到困难时，孩子会不会尝试用其他方法来解决问题，也能看出孩子会不会运用想象与创造。

反思与解释

反思与解释都是指向孩子曾经经历过的事件，与孩子能不能从经验中学习有很大关系。善于学习的孩子，往往善于反思与解释。对孩子来说，能够记得起、清楚描述，就是一种有效的反思与解释。对于孩子经历过的事情，在父母的帮助下，再次地描述和回顾，能让孩子从中学到更多。

3分钟练习

从现在开始，请多关注孩子学习过程中表现出来的学习品质。

CHAPTER 12

接纳自我：构建适合的家庭教育模式

孩子通过自己的气质特点，形成了性格的底色，父母通过自己的生活态度取向，形成养育风格的基础。如果父母和孩子能够匹配，孩子就是父母心中的理想小孩，一切都会很顺畅，遗憾的是，完全匹配的父母和孩子非常少。这需要父母重视孩子的特点，了解自己的生活态度取向，接纳自己，接纳孩子，构建适合自己和孩子的家庭教育模式。

为了孩子能够健康成长，父母要建立成长型思维，努力往明智型教育转变，对孩子既要有高要求，又要有高支持，与孩子建立健康的梯子型亲子关系。这个过程不是一蹴而就的，需要父母和孩子共同学习、成长和进步。

导读

就像世界上没有两片相同的叶子，每个孩子也都是独一无二的，这份独一无二的特点首先体现在孩子的气质上。气质是指孩子从出生带来的不同性情，我们可以理解为先天的因素，父母提供的环境和教育是后天的因素。孩子的性格特点是在气质和教育的共同作用下形成的，父母的性格特点也是这样形成的。

事实上，无论父母多爱自己的孩子，父母和孩子完全匹配的可能性很小。有的父母很谨慎，孩子偏偏喜欢冒险；有的父母活泼开朗，孩子偏偏胆小内向；有的父母喜欢运动，可孩子偏偏喜欢宅在家里……父母和孩子不匹配的程度越大，矛盾和冲突就越多。

如果父母不考虑孩子的特点和优势，强硬地按照自己喜欢的方向培养孩子，结果孩子不仅丧失了学习兴趣，跟父母的关系也会变得很糟糕。不管是父母还是孩子，每个人都有自己独特的特点，父母只有了解自己的特点并接纳自己，了解孩子的特点并接纳孩子，才能与孩子建立良好的亲子关系，构建适合的家庭教育模式。

通过九大维度判断孩子的气质类型

对于儿童的气质，最权威的是美国儿童心理学家托马斯和切斯的研究。托马斯和切斯根据孩子基本生活活动的模式，对大量孩子进行考察和追踪，发现有一些行为模式，是从出生开始贯穿到整个儿童时期的。他们根据九个不同的维度，给孩子划分出不同的气质类型。

<< 儿童气质的九个维度

这九个维度是活动水平、规律性、对新体验的初始反应、适应能力、敏感性、心境的质量、反应强度、分心程度、坚持性和注意力持续时间。

活动水平

活动水平指的是孩子在睡觉、吃饭、穿衣服、游戏等过程中身体活动的数量。活动水平高的孩子干什么都动来动去，在睡觉的时候，从小床的一边滚到另一边，而活动水平低的孩子睡觉时基本不动。

规律性

规律性指的是饥饿、睡觉和大小便这些生理活动的规律性。有的孩子每天都在早饭后排便，而有的孩子每天排便的时间都不一样。有的孩子午饭吃得多，有的孩子晚饭吃得多，有的孩子每天都不一样。有的孩子生活得规律，而有的孩子就生活得很随意。

对新体验的初始反应

不同孩子对新东西、新活动的最初的反应是不一样的。有的孩子很高兴地把没吃过的东西咽下去，看到新玩具的时候，马上就拿过来玩儿。而有的孩子直接把没吃过的食物吐出来，把新玩具扔掉，甚至哭。有的孩子对任何新的体验——新食物、新玩具、陌生人都愿意接受，而有的孩子就很勉强。

适应能力

适应能力指的是随着时间的推移，孩子对新环境的反应，这与第三个维度对新体验的初始反应有些重叠。在这个维度上，不同孩子的反应非常不同，有的孩子不认生，有的孩子认生得非常厉害。有的孩子上幼儿园只哭几天，而有的孩子上幼儿园要哭半年。

敏感性

指孩子对噪声、亮光和其他感觉刺激的敏感性，多少刺激量（如声音的大小）或周围变化达到多大程度，才引起孩子的反应。比如，有的孩子声音大一点儿、光线亮一点儿就会哭，而有的孩子对这些刺激就没有反应。

心境的质量

指孩子日常的情绪状态。有的孩子整天乐呵呵的，而有的孩子整天皱着眉头，成人也是这样，有些成人以愉快和接纳的心态面对生活，而另外一些成人对每一件事情每一个人都能找到缺点。

反应强度

这个维度跟心境的质量有重合。同样的一件事情，每个人的反应是不一样的。有人反应特别强烈，有人就没什么反应。有的孩子心情完全写在脸上，开心时就放声大笑，生气时就大发脾气。而有的孩子的反应就很轻。

分心程度

指孩子是否能专注在自己的事情上，有的孩子专注在自己的事情上，父母叫他他都听不见。而有的孩子稍有风吹草动，他就坐不住了。

坚持性和注意力持续时间

坚持性是指孩子在碰到困难时，愿不愿意坚持去做。注意力持续时间是指他能够不间断地进行一项活动的时间长度。这两个特点通常都是相关的。

<< 根据九个维度划分气质类型

根据上面的九个维度指标，美国儿童心理学家托马斯和切斯把孩子划分为三种类型。

◆ **容易型：** 也就是好养的孩子，约占40%。这些孩子的吃、睡等生理机能活动有规律、节奏性强，容易适应新环境，容易接受新事物和不熟悉的人。他们爱玩儿，总是情绪愉快，对成人的照顾有积极的强化，所以在整个儿童时期都受到成人的极大关心和注意。

◆ **困难型：** 也就是难养的孩子，约占10%。他们总是哭，不容易安抚，吃饭的时候烦躁不安，睡觉也不规律，接受新事物的速度比较慢。他们的心情总是不好，在游戏中也不愉快。大人需要费很大的力气才能使他们接受爱抚，由于成人的照顾行为经常得不到正面反馈，亲子之间的关系往往不密切，孩子容易缺乏教养。

◆ **迟缓型：** 这类孩子约占15%。他们总是安静地退缩，对新事物适应缓慢。如果父母坚持和他们积极地互动，他们会逐渐产生良好的反应。在没有压力的情况下，他们对新刺激缓慢地发生兴趣，慢慢地活跃起来。这类孩子的发展情况因大人关心和教育情况的不同而分化。

这三种类型包括了大约65%的孩子，另外有35%的孩子是上面三种类型的混合。

3分钟思考

你的孩子是什么气质类型？你最喜欢他的哪个特点？他的哪个特点最让你抓狂？

根据气质特点教育孩子更轻松

不同气质类型的孩子，对父母的养育和教育提出了不同的挑战。根据孩子的气质特点教育孩子，不仅可以让父母更轻松，还可以充分发挥孩子的优势，这也是教育孩子的基本原则。

<< 针对不同的活动水平的教育方式

我女儿思思就是活动水平很高的孩子，她小时候每次洗澡都会高兴地大叫，又踢又拍，溅出很多水，而邻居家的孩子洗澡时很安静，只是微笑。

如果孩子高度活跃，父母就要为他提供大量的安全探索和玩耍的机会，并做好家里的安全防护措施。对于活动水平高的孩子，像阅读、搭积木这些安静的活动都要安排在户外活动后、睡觉前或睡醒后，这个时候孩子能够安静地坐下来。当孩子很兴奋地在活动中，他很难从事安静的活动。

如果孩子不活跃，父母就需要引导他去探索，对于小宝宝，可以用颜色鲜艳的玩具、有趣的声音以及父母充满爱的微笑，温和地鼓励他参与活动。对于大一点儿的孩子，父母可以用夸张的声音和动作把要做的事情描述得特别有意思："快来啊，这个东西特别好玩儿！"

<< 针对不同的规律性的教育方式

有的孩子生活很规律，就像我邻居家的孩子。不到2岁的时候，妈妈每天把孩子放在便盆上几次，他就很配合地每天早晨大便一次，之后每次都小便。妈妈会觉得，自己对孩子的大小便训练做得非常棒，实际上，是妈妈被训练了。因为孩子排便非常规律，所以如果妈妈忘了把他放到便盆上，妈妈的回报就是要收拾他的大便。

如果孩子每天都在固定的时间吃饭或睡觉，父母无视他的时间表，打破他的规律，就会制造出一堆麻烦，特别是在外出的时候，一定要把孩子的规律性考虑在内，这样会让孩子饿的时候手边有吃的，需要睡觉的时候正好地方合适。

<< 针对不同的对新体验的初始反应和适应能力的教育方式

每个孩子对新体验的初始反应不同，对没吃过的东西，有的孩子一开始会吐出来，但是尝过几口之后就会接受。而有的孩子接受一种新食物、一件新衣服或一所新学校要慢得多。有的孩子在哪里都能睡觉；而有的孩子必须回到自己的家里、自己的小床才能睡觉，如果外出的话，他会一直过了半夜也不睡觉。对于陌生人和陌生环境，有的孩子最初的反应是退缩，这些孩子需要花更长时间来适应；而有的孩子初始反应是接近，这样的孩子很快就能适应。

如果孩子需要更长的时间适应，可以把大变化分成小步骤来帮助他适应变化和新环境。特别是在孩子要上幼儿园或者小学的时候，父母一定要提前做准备。上幼儿园的时候，让孩子早一点儿熟悉幼儿园的环境和老师，等孩子真正上幼儿园的时候，就不会有那么大的反应了。上小学的时候，要早一点儿培养孩子的规则意识、任务意识，让他学会听讲，知道要完成作业。具体的方法请参考第11章。

<< 针对不同的敏感性的教育方式

每个孩子对感官输入的各种信息——触觉、味觉、视觉、嗅觉、听觉，敏感度是不一样的。有的孩子很敏感，他睡觉的时候，开门声都能把他吵醒；而有的孩子，不管是在游乐场，还是餐馆里，都能睡得特别香。有的孩子可以满手抓着土豆泥，往嘴里塞；而有的孩子手上粘上一个饭粒儿，就嗷嗷叫着受不了。

孩子出生以后，用不了多长时间，父母就能了解他的敏感度。他对嘈杂的声音和音乐有什么反应？在乱糟糟的环境中会变得烦躁不安吗？他盯着明亮的灯光是手舞足蹈，还是很不耐烦？他是会狼吞虎咽地吃下新食物，还是只吃一小口，甚至全部吐出来？看到陌生人，他是好奇地盯着看，还是直接扭脸哇哇大哭？

如果孩子对刺激比较敏感，父母在提供新食物、新体验，以及见到陌生人的时候，就要慢慢来。柔和的灯光和安静的环境会帮助他安静下来，在嘈杂、拥挤的地方，孩子会变得紧张，容易发脾气。

有个妈妈曾经咨询过我，他家的孩子一进超市就哭，家里人觉得好奇怪，一直无解。其实，就是超市耀眼的灯光让孩子感觉很不舒服。

我也是敏感度很高的人，特别是对光线，如果我的眼睛正对着窗子，而窗子外面阳光明媚，我直接反应是眼睛睁不开，间接反应是“智商下降好几个等级”。

对于敏感孩子的一些特殊需要，父母一方面要尊重他的需求，另一方面，要逐渐增强孩子的适应能力。比如，敏感的孩子第一次吃新食物的时候，很可能会吐出来，即便如此，父母过后也要多试几次，你会发现，他吐出来的越来越少，慢慢就接受了。所以，父母千万不要试一次就下结论，一定要多尝试几次，“循序渐进”这四个字对于敏感的孩子是“万能钥匙”。

<< 针对不同的心境质量的教育方式

一个心情容易不好的孩子会给父母带来一些挑战，父母对孩子的爱抚和照顾得不到正面反馈，容易影响亲子关系。如何让孩子学会情绪管理，形成乐观的解释风格，具体的方法请参考第6章和第9章。

<< 针对不同的反应强度的教育方式

有个幼儿园老师曾经给我讲过这样的事情，他们班有个孩子叫琪琪，反应强度非常强烈，哪怕被推了一下，都会大声哭起来。老师刚接触琪琪的时候，只要琪琪大声哭，老师就会特别紧张地看看琪琪哪儿受伤了，其实，琪琪哪儿都没受伤。后来，老师学会了等琪琪的初始反应平息之后，再去看看情况有多严重。而班里另外一个小朋友亮亮，对于别人推他、拽他头发这类事情几乎没有反应，眼睛都不会离开自己正在做的事情，只是推开对方的手。但是老师知道，当亮亮大哭的时候，问题一定很严重。

每个孩子对同一件事情的反应强度不一样，父母要学会基于孩子的反应强度来做出不同的回应。

<< 针对不同的分心程度的教育方式

我在幼儿园见过一个专注度极高的孩子。在他看书的时候，旁边吵翻了天，他都一直沉浸在自己的世界里，丝毫不受打扰。而另外一个孩子，不管她在干什么，都能做到眼观六路耳听八方，她画画的时候，有人从旁边走过，她都冲人家笑笑；她看书的时候，一会儿看看旁边的小朋友，还得问一句："你看啥呢？"

很多父母会因为孩子的注意力容易分散而苦恼，对于这样的孩子，要给他创设一个安全而易于探索的环境，比如，他写作业的时候，视线内没有让他分心的东西，而且在他分心的时候，不断地引导他把注意力放到目标上。而对于专注力很强的孩子，在转换活动的时候，一定要留出缓冲时间，提前告诉他，接下来要去干什么了，这样可以避免孩子在转换活动的时候大哭大闹。

<< 针对不同的坚持性和注意力持续时间的教育方式

在我们的文化和教育中，对于容易分心的孩子、注意力持续时间短的孩子，都很不利。特别是上学以后，教育方式基本上就是老师讲孩子听，对注意力的要求极高。很多父母都会对孩子的这种情况感到很焦虑，合适的教育方式就很重要。

有一对双胞胎姐妹，特点完全不一样。姐姐能自己坐在餐椅上，把她的麦片圈排成行，如果她发现有一个大的麦片圈，会高兴地套在手指头上，自己玩儿半小时。而妹妹还没吃完饭，就把麦片、碗和杯子弄到了地上，然后跑到厨房里把抽屉里的东西都拽了出来。

姐姐将来可能会成为一名研究人员，不管是在做实验的时候，还是在搞研究的时候，她的较长的注意力持续时间会是一种宝贵的品质。妹妹可能会成为一名出色的体育比赛实况解说员，或者现场记者，她的敏捷能够让她跟上瞬息万变的比赛局势以及瞬间发生的动作。

父母一定要认识到，两个女孩的气质在合适的环境中都可以成为她们的优势，明智的父母会通过提供合适的教育和机会，来帮助她们最大化地发挥自己的先天潜力。

如果孩子没有那么有耐心，那父母需要采取一些方法，帮助他适应这个社会。出门的时候，带上能吸引孩子注意力的东西，这样能让他安静地等待。如果一项任务对孩子有挑战，就把这项任务分成小的步骤。比如，拼图的时候，只让他把最后的两块放上，增加到三块、四块；穿衣服的时候，先让他做最后一个动作，比如，父母把裤子提过膝盖，让孩子自己提上来。而对于那些不容易分心的、执着的孩子，父母要劝说他尝试新鲜的事物，在可能的情况下，不要总是去催促他。

当父母真正了解了孩子的气质特点以后，就能以一种让孩子感到安全、舒服的方式来打造适合孩子的环境，用鼓励孩子发展和成长的方式对孩子做出回应。有了理解和接纳，父母能耐心地通过温和而坚定的教育帮助孩子养成可以接受的行为、实现潜能，而不是试图按照自己的模子把孩子塑造成完美小孩。

3分钟思考

你的教育方式跟孩子的气质匹配吗？准备做哪些改变？

性格是由先天的气质和后天的教育共同形成的

孩子最终的性格，不是气质决定的，也不是父母提供的教育决定的，而是二者共同作用形成的。

小九是跟我女儿同一天出生的孩子，我跟小九的妈妈在同一个产房里。小九出生后的各种表现都说明，他是一个困难型的孩子。从出生开始，如果他饿了，妈妈如果不能迅速把奶头塞进他嘴里，小九的哭声就会一声比一声高。纸尿裤湿了，不舒服了，也都是即刻爆发，在他的词典里，就没有“等待”这个词。另外，小九的生活很不规律，有时候睡两小时，有时候睡半小时，照顾他让大人也很疲惫。

小九家大人的目标变成了：别让他哭。饿了，快点儿喂；尿了，马上换；哭了，在屋里转悠，一边转悠一边晃。等小九长到2岁，家里已经是硝烟四起。小九上幼儿园，差不多用了半年的时间才适应。

如果小九的气质是棕色，父母完全顺着孩子的火暴脾气，为了家里的和平对小九的需要立刻满足，那就是加深了棕色，越来越深的棕色就变成了黑色。如果父母每次在满足小九要求的同时，都让小九学习一点儿耐心、学习一点儿等待；不断调整让他的生活更规律；不因为他不容易适应新环境就天天待在家里，这就是在棕色里面加了白色，那小九本来的颜色就会变浅，变成浅棕色，如果加的白色越多，那棕色就会越浅，而这些白色就是父母的教育。

父母提供的教育对孩子的成长起到了很大的作用，而孩子的反馈也会影响到父母的教育行为。容易型的孩子情绪愉悦，对父母的照料行为提供了很多正面的反馈，很容易得到父母的关心和照顾；大多数困难型的孩子对于父母的抚育给予的正面反馈较少，父母在抚育他们的过程中很难获得成就感，做出的努力也会变少，困难型孩子也不容易改变；而迟缓型的孩子，如果父母坚持跟他们互动，他们慢慢就会活跃起来，如果父母不关注他们，他们就会更加退缩，这类孩子分化很明显。适宜的、良好的教育会对孩子的气质起到优化作用。

3分钟思考

在你的努力下，孩子的性格特点优化了先天气质的哪些方面？

父母的生活态度取向和教养风格对孩子的影响

<< 父母的生活态度取向类型

生活态度取向理论是以色列心理学家尼拉·凯弗提出来的，根据尼拉·凯弗的研究，生活态度取向代表着人在生活中做出的以什么方式找到归属感和价值感的决定，它的形成一方面与性格有关，另一方面来源于从小生活经历的影响，是两者结合的结果。

成人的生活态度取向有四种，分别是：安逸、控制、取悦和力争优秀，通过下面的测试，父母可以了解一下自己基本的生活态度取向：

在面对压力的时候，你最不喜欢的是什么？

A.无意义和不重要　B.批评和羞辱　C.拒绝和抛弃　D.压力和痛苦

如果你选择了A，那就是力争优秀型的，代表动物是狮子；选择B，就是控制型的，代表动物是老鹰；选择C，就是取悦型的，代表动物是变色龙；选择D，就是安逸型的，代表动物是乌龟。每一种生活态度取向都有其优劣，下面是具体的解释。

力争优秀型的优势是很理想主义，有很多兴趣，乐意努力工作，富有成就，富有创造性，非常自信，能得到很多奖励和奖项，很清楚什么是重要的，自己成为领导而不是等着别人告诉去做什么；但是，这一类型的人容易承担太多而不堪重负，所有的事情都自己做，做什么都不愿意出错，对自己和别人都很挑剔，尽量隐藏自卑感，从不满足，可能使别人觉得自己无能或不重要。

控制型的优势是井井有条，持之以恒，担当责任并在混乱中建立秩序，遵守法规，忠诚可靠，乐于助人，客观又有逻辑，能迅速完成任务不会放弃，是一位好领导和危机处理者；但是，这一类型的人缺乏随机性，容易造成社交和情感上的距离，情绪管理不好，不愿意开放，隐藏弱点，爱批评爱挑剔，可能会引起权力斗争和反叛。

取悦型的优势是友善，考虑周全，对别人的感受很敏感，尽力帮助别人，适应性强并愿意让步，富有同情心，容易去爱并真正关心别人，常常看到别人的优点，避免引起矛盾；但是，这一类型的人太容易屈服，总是道歉，很难有自己的立场，过于敏感多疑容易受伤，不会问别人怎么才开心，但是别人不开心的时候会怨恨对方，回避处理矛盾，否认问题，对自己和他人都缺乏尊重，可能使别人感到恼怒、怨恨和愧疚。

安逸型的优势是稳重可靠，为别人创造舒适温馨的氛围，平易近人，灵活有弹性，很善于让别人觉得自己很重要，很容易开心，不多管闲事，做自己擅长的事情；但是，这一类型的人缺少动力，懒散，很难有成就，选择阻力最小的途径，回避矛盾，不愿意尝试新鲜事物，只做做得好的事情，想要别人照顾，很难积极主动，可能会使别人有挫败感，感到无聊。

<< 父母的生活态度取向对教育风格的影响

每一种生活态度取向都会影响父母与孩子之间的互动，父母的生活态度取向会影响自己的教养风格。我在第2章讲过，根据对孩子的要求和支持情况，父母的教育风格可以分为四种类型：明智型、忽视型、放任型和控制型。

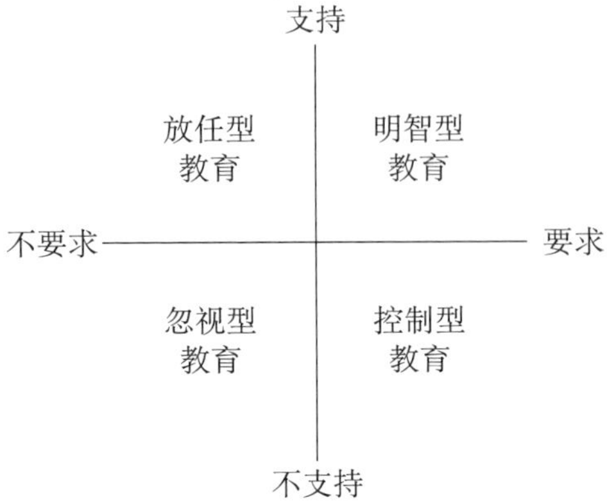

力争优秀型父母非常善于为孩子树立成功和成就的榜样，鼓励孩子的优良品质，激励孩子要力争优秀，但是有时候会看不到正确和错误以外的其他可能性，倾向于对孩子有过高的期望，让孩子觉得无法达到父母的高标准，感觉力不从心。如果他们能放弃自己对正确的要求，抛开要把事情做到最好的标准，享受努力的过程，把犯错误看作学习的大好时机，无条件地爱孩子、支持孩子，那他们的教育就会是“明智型”。

控制型父母擅长给孩子制订规则，教给孩子组织和领导能力，让孩子学习时间管理，遵守规则和法律，但是他们容易僵化，对孩子要求高支持少，有过于严格和控制过多的倾向，养育风格也是“控制型”。这种方式会遭到孩子的反抗，或者让孩子变成一个“讨好者”。这类父母需要放手，尊重孩子的想法，给孩子更多的选择，让孩子参与到决定中来。

取悦型父母善于帮助孩子学会友好、体谅、谦和，但是他们经常妥协，善于做和事佬，当辛苦的讨好没有带来相应的回报时，他们可能会怨恨和沮丧。倾向于采用“忽视型教育”，对孩子既没有要求又没有支持，以取得内心的平衡。这类父母要学会表达自己的想法、需求和情绪，学会给予和接受，相信孩子有解决问题的能力，和孩子一起解决问题。

安逸型父母能让孩子看到随和、行为可预测的好处，学会享受生活的乐趣，并且“及时行乐”，但是对于孩子过于宽容、娇惯，让孩子变得索要无度，只喜欢安逸的生活。这类父母选择自由放任的“放任型教育”，对孩子支持多要求少，孩子很容易被惯坏。他们需要给孩子建立规则，确立目标，教会孩子各种技能，让孩子体验自己选择的自然后果。

父母了解自己的生活态度取向和养育风格，以及它对亲子关系的影响，就可以考虑到家里每一个人的需要，不只是孩子的需要，找到对家里每一个人都管用的方法。这会让家庭气氛更和谐，也能帮助父母变得更有耐心，对孩子的教育也会变得更轻松。

3分钟思考

你的生活态度取向和对孩子的教育风格有什么关系？你打算做哪些改进？

常用的十五种科学教育方法

在这一部分，我把前面讲到的各种教育方法总结下，方便父母使用。

<< 发现并关注孩子的正面行为

适用于所有的场景，越早使用效果越好。

当父母发现孩子做了好的事情，表现出良好的行为，比如把玩具收了，认真刷牙，出门主动跟别人打招呼等，父母一定要当着孩子的面把这些行为具体描述出来："我刚才看到你自己把玩具收了，而且收得很整齐。"当孩子发现好的行为能得到父母的关注，好行为的数量会越来越多。即使孩子有大量的让你头疼的行为，那你也要找出孩子好的行为，并且当着孩子的面具体地描述出来，否则，孩子的行为会让你越来越头疼。

父母关注孩子的正面行为能够巩固孩子的良好行为，减少不好的行为。当父母能关注孩子的正面行为，孩子也能更容易遵守规则。

<< 制订明确合理的规则

从孩子会爬开始，就可以制订明确合理的规则。

父母需要制订三方面的规则，一是涉及健康和安全方面的规则，比如过马路要拉着妈妈的手，尽量少吃垃圾食品等；二是社会交往中的规则，比如好好说话，不打人，不抢别人玩具等；三是重要的生活规范，比如饭前便后要洗手，按时睡觉等。这些规则一定要明确，让孩子清楚地知道可以做什么，不可以做什么，这样孩子就可以学会约束自己的行为，不会用哭闹不断试探父母的底线。有些父母会以自己的心情和情绪作为规则，心情好什么都可以，心情不好什么都不可以，让孩子没有明确的界限，这样孩子会变得情绪暴躁，行为无序。

父母制订明确合理的规则，可以约束孩子的行为，提高孩子管理自己行为的能力，让亲子关系变得更加和谐。

<< 让孩子参与制订规则

根据孩子的发展状况，4岁以后，就可以让孩子参与制订与自己相关的规则。这些规则包括吃零食、看电视时间、买东西、学习计划等。

举个例子，出去玩儿的时候，父母先跟孩子商量制订规则："我们这次出去主要是玩儿，只能买一个玩具。"这个决定是跟孩子商量后确定的，不是父母自己做的，孩子会更容易接受。在建立生活常规表的时候，几点起床、几点睡觉、什么时间做什么事情都可以让孩子参与确定。幼儿园大班以后，孩子放学后的时间安排，父母也要跟孩子共同商量后确定。

孩子参与制订的规则，体现了孩子的意愿和自主性，他会更容易遵守，更容易兑现自己的承诺，在这个过程中，还可以培养孩子的计划性。

<< 有限选择法

适用于容易跟孩子发生冲突的场景，2岁后可以使用。

父母可以给孩子两个或三个不同的选择，不管孩子做哪个选择，父母都可以接受。比如，给孩子吃水果的时候，问孩子：“你是吃橙子，还是吃苹果？”选衣服的时候，问孩子：“你是穿红色的裤子，还是黄色的裤子？”

有限选择法既给了孩子决定权，又可以把孩子的行为限定在可以控制的范围之内，能够减少孩子因为争夺权利带来的争端。

<< 有节制地使用

适用于能带来愉悦但又有负面影响的东西或活动，比如看电视、吃零食、吃糖果等。

父母可以跟孩子一起建立规则，确定孩子每天可以吃多少零食或糖果，喝多少饮料，什么时候吃；每天可以看多长时间电视，什么时候看；确定后，把规则贴在家里显眼的位置，这样可以让孩子在执行规则的时候更有动力。

有节制地使用，能够让孩子既享受了快乐，又提高了自控力。

<< 承担自然的后果

适用于孩子做了错事或者把事情搞砸了的情况，不管孩子是故意还是无意做的，比如不小心把水洒了，把书撕坏了，生气的时候把玩具摔了等。

父母不要指责孩子的行为，只要求孩子承担自己行为的后果。比如，孩子把水洒了，父母说：“水洒了，擦干净。”或者“水洒了应该怎么办？”引导孩子自己擦干净。把书撕坏了，就把书粘好；玩具摔坏了，如果能修好就继续玩儿，修不好就没有这个玩具了。

让孩子承担自然的后果，孩子就学会了对自己的行为负责，减少了父母的唠叨斥责以及亲子之间的矛盾。

<< 剥夺孩子看重的东西

适用于孩子做了错事，自然后果无法即时显现，或者孩子自己无法承担后果的情况。

如果孩子出现不能完成作业、打人或其他不好的行为，那父母就要剥夺孩子看重的东西，比如看电视、吃零食、零花钱、出去玩儿等，具体剥夺什么，要看孩子最看重什么，这样才会起到作用。剥夺孩子看重的东西，能够让孩子了解自己行为的后果，让孩子承担自己的责任。

<< 行为性批评

适用于孩子做了错事，需要批评指正的时候，比如孩子说话没有礼貌，欺负别人等。

当孩子做了错事，父母只批评孩子的行为部分就可以了，比如："你这样说话没有礼貌，我很生气。""你刚才欺负明明，我很生气。"不要对孩子的人格、个性和能力做批评，比如："你真讨厌！""你真笨！""你就是不招人喜欢。"

行为性批评能让孩子知道自己的错误，但是不会影响孩子对自己的认知，避免孩子形成悲观的解释风格。

<< 行为性赞扬

适用于孩子表现好时对孩子的赞扬，赞扬孩子的行为和努力，任何场景都适用。

当孩子需要赞扬的时候，父母要具体地描述孩子好的行为，比如："你的书包收拾得真整齐，你肯定花了不少时间。""你这次的作业写得很工整，你一定很用心。”行为性赞扬能够让孩子知道自己哪些行为做得好，并把这些好的行为巩固下来。

<< 正面的具体的指导

适用于孩子因为缺乏正确的技巧和方法，做错了事情或者不会做事情时父母的指导，父母要明确地、具体地告诉孩子应该怎么做，而不是告诉孩子不要做什么。

比如，孩子想跟小朋友玩，但是不知道应该做什么，随手打了别人一下，父母不要简单地告诉孩子“不要打人”，而是要跟孩子说“你可以轻轻地摸一摸小朋友，拉一拉小朋友的手”；孩子接水洒了，父母不要只说“小心点儿”，而是告诉孩子“接到半杯水的时候就可以停下了”。

正面的具体的指导能让孩子学会做事的方法、交朋友的方法等，还不会引起孩子的反抗和抵触。

<< 选择性忽视

适用于孩子用不良行为吸引大人注意的场景，父母假装没有看到孩子的不良行为。

当孩子学会了骂人的话，发现这些话能引起父母的关注时，他会重复地说这些话。父母需要做的是，故意忽视，假装没听见孩子骂人的话。过不了多久，孩子自己觉得没有意思，就会停止了。在两个孩子的家庭中，孩子也会用打架、争抢东西等不好的行为来吸引父母注意，如果父母一直做“法官”，判断是谁的错误，就要一直处理孩子的纠纷，而如果父母选择性忽视一些行为，会让孩子觉得自己的办法没有用。

配合发现并关注孩子的正面行为，运用选择性忽视可以减少孩子的不良行为。

<< 适度体验危险

危险教育的一种方式，适用于危险系数不高的场景。

比如，有的孩子对饮水机的热水感兴趣，父母说过多少遍会烫着，但是孩子没有被烫过的体验，不会在意。这时候，只要让孩子把手放在热水的旁边感受一下，他就会知道烫的感觉，以后会小心热水。还有一种适度体验是通过图书、动画片的方式，让孩子了解电的危险、在马路上乱跑的危险等。

与父母不让孩子接触危险的被动危险教育相比，适度体验危险能够让孩子更好地了解危险的事物，学会保护自己。

<< 请求孩子帮助

适用于父母希望孩子完成一些事情的场景，父母用向孩子求助的方法来提出自己的要求。

当父母拿着很重的东西时，可以跟孩子说：“你可以帮我一下吗？帮我提着这个袋子。”在家里打扫卫生时，也可以对孩子说：“我需要你的帮助，帮我把桌子擦一下。”孩子做完后，父母要表示感谢：“谢谢你帮我擦桌子。”或者“如果没有你，我自己都拿不回来。”

与直接命令的方式相比，请求帮助体现了父母对孩子的尊重，会让孩子感受到自己的力量，也更有成就感。

<< 积极主动式回应

适用于父母与孩子沟通的场景，父母要用表情、动作和语言表现出自己对孩子的兴趣。

比如，当孩子自己穿上了衣服，高兴地让妈妈来看的时候，妈妈要看着孩子，微笑着跟孩子说：“宝宝自己穿上衣服啦，真能干！告诉妈妈，你是怎么穿上的？”这个方法的要点包括父母和孩子要保持目光接触，表达自己积极的情绪，比如真诚的微笑、触摸、热情的语言支持等。

积极主动式回应不仅能激发孩子对沟通表达的兴趣，还能提高孩子的积极性和主动性。

<< 适当延迟满足

适用于孩子提出不是必须满足的需求时，适当延迟满足可以让孩子体验等待，培养耐心。

当孩子要一个玩具，但不是必须买，父母可以问孩子：“你希望把这个玩具作为生日礼物还是新年礼物呢？”这样孩子可以了解到不是自己希望得到什么就会有什么。也可以让孩子完成一些既定的任务，比如可以把自己的玩具收拾好，收拾十次以后就可以买他想要的那个玩具。

适当延迟满足可以提高孩子的自控力，但是不适用于生活必需品。对于生活必需品，父母要尽可能地及时满足。

这些方法可以减少孩子的不良行为，帮助父母更好地解决与孩子的冲突，改善亲子关系。

3分钟练习

从现在开始，把这些方法运用到与孩子相处的过程中吧！

致谢

感谢家人，支持我把业余时间和假期都用在写作上，尤其是女儿，这本书的很多灵感都来自她的成长。

感谢老师，北京师范大学博士生导师陈帼眉教授，严谨认真地与我探讨观点，逐字逐句地审阅书稿，并倾情作序推荐。

感谢母校北京师范大学，在母校七年的专业学习，奠定了我在儿童教育领域发展的基础。

感谢人生中的伯乐，第九届第十届全国政协委员、日本国际内藤育儿奖获得者万选蓉研究员，多年来对我的支持和鼓励。

感谢儿科专家张思莱老师、凯叔讲故事创始人凯叔、有养创始人周洲和知名主持人周群为本书写推荐语，谢谢众多前辈和朋友们表达支持和鼓励的推荐。

感谢新浪育儿的黄晓莉主编、郑文晋副主编、赵战术副主编和高生华副主编，为本书提了许多非常有价值的建议。

感谢合伙人张至尧先生、张胡倩女士和赵希坤先生，分担了我大量的工作，全力支持我的创作。

感谢北京七个小孩教育科技有限公司内容中心的乔融女士、王莹莹女士、高文女士和孙友超女士，给了我很多启发。

感谢中国妇女出版社的策划编辑门莹，站在出版人和读者的角度，提出了很多中肯的建议。

感谢可爱的猫咪Michael和Mia，这两大只经常在我奋笔疾书的时候跳上键盘，不仅把文件踩得面目全非，还躺在键盘上耍赖，让我不得不停下来陪他们玩耍，缓解了写作的疲劳，如期完稿。

最后，对所有帮助支持我的老师、朋友、同事和读者表示感谢。